Dina Neumann

Die Krümel sind nicht von mir

Bibliografische Information der Deutschen Nationalbibliothek:
Die Deutsche Nationalbibliothek verzeichnet diese Publikation in der Deutschen Nationalbibliografie; detaillierte bibliografische Daten sind im Internet über dnb.dnb.de abrufbar.

Impressum

Erstauflage 2024

Dina Neumann, c/o Miertsch
Dahlienstr. 27, 60437 Frankfurt

Autorenfoto: Dina Neumann
Coverdesign: OOOGRAFIK, Corina Witte-Pflanz, www.ooografik.de
unter der Verwendung von Grafiken aus www.stock.adobe.com/de:
Datei-Nr.: 309009392 © Tartila; Datei-Nr.: 428786352 © MySunShine;
Datei-Nr.: 417274402 © MySunShine; Datei-Nr.: 235125596 © Stefanina;
Datei-Nr.: 264928069 © Volha Hlinskaya;
Datei-Nr.: 256067030 © Volha Hlinskaya
Krümel-Illustrationen: Murmeline, www.murmeline.de
Layout und Satz: Erik Schüßler
unter der Verwendung der Grafik aus www.stock.adobe.com/de:
Datei-Nr.: 309009392 © Tartila
Lektorat: Axel Haimerl
ISBN 978-3-757-99877-6

www.dinaneumann.de
Auf Social Media zu finden unter murmeline_

Herstellung und Druck über tolino media GmbH & Co. KG,
Albrechtstr. 14, 80636 München. Printed in Germany.
Fragen zu Produktsicherheit an: gpsr@tolino.media.

DINA NEUMANN

Die Krümel sind nicht von mir

EINE REISE ZUM SELBST

ROMAN

Ruth Kirschbaum weiß, was sie will, geht perfekt und zielstrebig durchs Leben. Sie hat scheinbar alles im Griff und pfeift doch immer wieder mal aus dem letzten Loch. Dann sind da ihre Sehnsüchte, Eigenarten und ihr ständiges Fragenkarussel an den zu meisternden Alltag, das sie andauernd einholt: »Was hat das mit mir zu tun? Sind es überhaupt meine Krümel? Ja? Nein? Jein? Vielleicht kümmere ich mich einfach um meinen eigenen Kram und tue so, als wäre nichts gewesen. Ich schweige und schaue weg. Warum soll ich mich überhaupt mit den anderen Krümelmonstern befassen? Folge ich meinem Bauchgefühl oder doch besser meinem gesprächigen Verstand? Wer von denen sagt mir, was richtig ist? Und wer übernimmt die Verantwortung dafür?«
Die Zeit ist mehr als reif, denn Ruth bucht ihren ersten Meditationskurs. Sie will sich endlich den möglichen Antworten stellen …

Dina Neumann (*1971) wuchs im Rhein-Main-Gebiet auf, in dem sie bis heute lebt. Nach kaufmännischer Ausbildung und Studium der Betriebswirtschaft beschritt sie zunächst eine berufliche Laufbahn in Industrieunternehmen. 2006 schließlich beschloss sie, zudem mit ›Bildern & Büchern für große und kleine Kinder‹ ihrem Herzensweg zu folgen. Als ›Murmeline‹, die sie 2015 erfand, malt und beschreibt sie seit 2020 mit ihren ›Krümeln‹ lebensnahe Geschichten.
Weiteres unter www.dinaneumann.de
oder auf Social Media zu finden als murmeline_

Weiterer Roman aus der Krümel-Reihe
Der Krümel fällt nicht weit vom Keks

Für und gegen das Schweigen
in mir

ZUTATEN

Einzeln *kursiv* geschriebene Worte finden ihre Erläuterung zusätzlich im Glossar am Ende dieses Buches.

VORGEKRÜMEL

Es ist das Jahr 9 nach *RB*, meinem, also Ruths Burnout. Es könnte genauso gut auch fast jedes andere Jahr sein. Ich blicke in die Gegenwart, Vergangenheit und Zukunft und frage mich: Was ist heute, was war gestern und was wird morgen sein? Fest steht: Heute Abend findet das TV-Finale von ›Germany's Next Topmodel‹ statt. Und eines ist mal glasklar: Das schaue ich mir an! Ja, ich stehe dazu: Ich bin Fan von Talentshows. Diese liebe ich besonders und fiebere mit, versinke in ihren Träumen und weine die Tränen der Teilnehmer mit. Selbst in Model-Mama Heidi finde ich mich wieder. Ich, Ruth Kirschbaum, mag ihre Richtung, die sie eingeschlagen hat und all die Jahre gegangen ist. Und ich mag die Art, wie sie jedem, der dabei ist, begegnet. Wir beide haben einige Gemeinsamkeiten. Zum Beispiel das Sternzeichen ›Zwilling‹. Das heißt, die kann mindestens genauso viel reden wie ich. Kreativ ist sie ebenso. Offensichtlich mag sie es auch, blondiert durchs Leben zu gehen. Ja, ich gefalle mir mit meinen Strähnen momentan einfach besser. Und was ich bisher so mitbekommen habe: Sie genießt das Essen und hat dennoch Modelmaße. Vielleicht sollte ich mich bei ihr mal als Double vorstellen? Schließlich habe ich mich damals auch bei Thomas Gottschalk beworben, um bei diesem Model-Wettbewerb mitzumachen. Nur haben die dann sie und nicht mich ausgewählt. *»Suchen und Finden. Alles im Leben hat seinen Sinn.«* Stimmt, so bin ich einen anderen Weg gegangen. Nicht nur in meiner Kindheit, sondern auch in der Jugend, erst recht in meinen Teens und Twens, eine ebenso wichtige und prägende Zeit zwischen dreizehn und Ende zwanzig. Letztendlich zwang mich mein Burnout mit Anfang dreißig zum Innehalten und Reflektieren.

»Hast du dich schon mal gefragt, ob das, was du denkst, normal ist? Ob das, was du spürst, normal ist? Hast du dich gefragt, was zuerst da war? Das Huhn oder das Ei? Der Gedanke, das Gefühl oder dein daraus resultierendes Verhalten? Hast du dich gefragt, warum? Warum überhaupt? Warum du hier bist? Warum der Ball rund ist? Warum Fische nicht fliegen können? Warst du schon mal traurig und wusstest nicht warum? Hast du schon mal herzhaft gelacht, ohne zu wissen, worüber eigentlich genau? Besitzt du Sehnsüchte, die du nicht erklären kannst? Solche, die dich glücklich, aber auch jene, die dich traurig stimmen? Hast du dich schon mal gefragt, ob du dir selbst, so wie du bist, am besten gefällst? Ob du, so wie du bist, normal bist? Und zu guter Letzt: Bist du der wichtigste Mensch in deinem Leben? Wenn ja, warum? Und wenn nein, warum nicht?«

VORGESCHMACK

»Clara, ich hab's getan! Ich habe mich für einen viereinhalbtägigen Einführungskurs in Zen-Meditation und direkt auch einen dreiwöchigen Halt-die-Klappe-Langzeitaufenthalt in einem ehemaligen Kloster eingebucht«, sprudelte es aufgeregt aus mir heraus.

»Das ist ja krass!« Meine Freundin am anderen Ende der Leitung staunte nicht schlecht. »Schweigen und dann noch so lange? Du machst es tatsächlich wahr? Die Links, die du mir geschickt hast, gefallen mir. Ich glaube, du machst das Richtige für dich. Du hast die Zeit dafür und nutzt sie für dich. Super! Wann geht's denn los?«

»Der Einführungskurs in zwei und der Langzeitaufenthalt dann in vier Wochen.«

Seit RB hatte ich schon in allerlei Dinge und Themen hineingeschnuppert. Ich, die seit Kindertagen das Sensibelchen ist. Die Heulsuse, die so nah am Wasser gebaut ist und sich ›nicht so anstellen und mal zusammenreißen soll‹. Ich, die Feingliedrige und einfach Empfindsame. Ich, die vor Jahren – für meinen Hausarzt unerklärlich – auf ein Antibiotikum negativ rauf und runter reagierte. Laut Packungsbeilage angeblich eine von eintausend Personen mit solchen Nebenwirkungen, der so etwas passieren könnte. Herzlichen Glückwunsch! So begann ich, mich langsam auch anderen Konzepten als jenen, die mich bisher geprägt und begleitet hatten, zu öffnen. Ich las einiges über Alternativmedizin, probierte aus, machte meine ersten vorsichtigen Gehversuche in den damaligen ›Zen 1‹- bis ›Zen 4‹-Wochenendkursen und auch in den Übungsabenden dienstags. Aber dann sah ich von dieser ›stillen Meditation‹ wieder ab und ging weiter auf die Suche. Ich lernte Vieles über mich selbst, befasste mich mal skeptisch, mal hoffnungsvoll mit neuen Denkansätzen und Methoden, machte mir Gedanken über meine Gedanken, aber das alles waren keine zufriedenstellenden Antworten auf meine Fragen an das Leben.

Es schien eine neue Zeit anzubrechen. Ich bekam wieder Lust darauf, mich weiter auszuprobieren und es köchelte schon in mir. Mir schwirrten doch eh seit geraumer Zeit diese Überlegungen einer längeren Auszeit durch meine starke Denkfabrik. Und so gaben letztlich meine beiden Freunde Bob und Julia mit ihren Erfahrungen die Ideen dafür.

Bob hatte vor ein paar Wochen ein erstes Wochenende und gleich im Anschluss einen viereinhalbtägigen Kurs in *Kontemplation* an diesem Ort der Stille verbracht. Dieses ›Zentrum für Spirituelle Wege‹ war gar nicht weit weg von meinem Zuhause und in angenehmer Reisezeit erreichbar. »Hier, für dich!«, hielt er mir das umfassende Programm in Katalogform entgegen, als wir gemeinsam auf der Couch unseren Tee schlürften. Bob erzählte mir von seinen Eindrücken, die er aus seinem sogenannten ›konzentrierten Nachdenken‹ oder dieser ›geistigen Versenkung in irgendetwas‹ mitgenommen hatte.

Julia hatte einen Erfahrungsbericht über Aufenthalte in Sri Lanka gelesen und entschieden, ihren Urlaub dort verbringen zu wollen. Auch mit ihr sprach ich oft über das Thema ›Work-Life-Balance‹. Sie war aufgeräumter und geklärter denn je aus dieser dreiwöchigen, ayurvedischen Verschnaufpause zurück. Noch während unseres Abschiedstelefonats vor ihrer Abreise gab sie mir einen weiteren Impuls. »Schau doch im Internet nach diesem Kloster im Osten. Dort war eine Freundin.«

»Nun«, sprach es in mir, *»dann ist wohl die Zeit dafür. Die richtige Zeit für dich, Ruthi!«* Jawohl! Ich, vierzig, orientiert und ideenreich, durfte mir diese Auszeit endlich mal gönnen. Vor elf Jahren bekam ich in meinem Leben die erste Quittung: meinen Tinnitus. Den nahm ich nicht wirklich ernst. Denn ich rannte unverändert weiter. Zwei Jahre später klappte ich schließlich doch zusammen. ›Burnout‹ nannte das damals mein Doc. Seitdem war viel passiert, aber irgendwie strampelte ich immer noch in meinem alten Hamsterrad-Modus. Tat ich das womöglich unbewusst? Auszeit. Wer, wenn nicht ich, konnte sich diese endlich erlauben? Ich, die unter dem christlichen Abend- und zugleich dem jüdischen Morgenstern geboren ist. Ja, entsprungen aus einer besonderen Liebesvereinigung. Ich, die eher jüdisch erzogen wurde und doch mit Religion nichts am Hut hat. Time-out! Zur Ruhe kommen. Mir Einhalt gewähren und die Pause-Taste für längere Zeit gedrückt halten. *»Deine Mrs. Perfect darfst du sodann elegant herunterfahren! Der inneren Meckerbacke genehmigst du hiermit, sich auch dezent zurückzuziehen und zu schweigen.«* Stimmt,

ich durfte endlich bewusst meinen bisherigen Antriebsmodus hintenanstellen. *»Genau so ist es, Liebes! Und ich, deine innere Freundin, komme mit.«* Einverstanden!

So ging ich im Frühjahr mit ihr und all den anderen inneren Stimmen, meinen persönlichen Pros und Kontras, meinen Bedenken, Zweifeln, Wünschen und meinem Ego, von dem ich noch nicht genau wusste, was es überhaupt ausmachte, in die Planungsphase. Zwei K.-o.-Kriterien hatte ich: Erstens wollte ich mich keinesfalls um meine Grundversorgung, also Einkaufen und Essenszubereitung, kümmern. Jeder, der mich kennt, weiß, was ich täglich an Speisen verdrücken kann. *»Und jeder, der Ruth nicht kennt, ist erstaunt und fast entsetzt, wo diese Mengen in oder an ihr Platz finden oder auch nicht.«* Ich, in Kindertagen als ›Bohnenstange‹ gehänselt, habe ein zentrales Thema in meinem Leben: ›Essen‹. Das ist mir extrem wichtig! Zweitens wollte ich die Möglichkeit haben, mit meinem Gedankengewirr und potenziellen Emotionen, die sich zeigen würden, mit helfenden Köpfen ins Gespräch zu kommen und mich in begleitende Hände zu begeben. Ich wollte mich damit nicht allein gelassen fühlen. So suchte ich einen Ort, an dem ich mich auch seelisch und geistig aufgefangen fühlen konnte.

Julias Hinweis mit dem Kloster im Osten entpuppte sich für mich persönlich recht schnell als Sackgasse. Zehn Tage Hardcore-Kompakt-Kurs mit täglich letzter Mahlzeit zum Mittag. Für Ausnahmefälle, also ganz klar mich, gäbe es noch nachmittags um fünf Uhr Obst und Tee. *»Hallo?«* Als ich das auf deren Homepage las, schrie meine innere Freundin: *»Nein, Schätzelein, Obst ist zwar lecker, aber davon wirst du ja gar nicht satt! Also, wenn dein Körper damit beschäftigt ist, Hunger zu haben, du wie ein ferngesteuerter Teletubby durch die Gegend rennst und auf ständiger Nahrungssuche bist, ist dein Ziel wohl verfehlt. Dann kommst du erst recht nicht zur Ruhe.«* Wie wahr.

Bobs helfendes Programm des Zentrums gefiel mir hingegen sehr gut. Die Einstellung der Gründer, jedem dort, unabhängig von der Religion, eine persönliche Anlauf- und Rückzugsstelle zu bieten, prägte mein positives Bild. Auch den Gedankenaustausch mit ihm und die Erzählungen von seinen Aufenthalten vor Ort mochte ich. Speziell bei seinem Schlüsselhinweis, dass dort das Essen so unglaublich lecker wäre, wurde ich extrem hellhörig. Der Esser in mir trommelte seine Fantruppe mit meinen dazugehörigen Organen zusammen, schob dann meine innere Sprecherin vor, bis sie es schließlich im Namen aller in mir herausbrüllte. *»Ruth, fackele nicht lange und melde dich da an!«* Geschrien – getan. Ich rief dort im Büro an, erreichte Christl und gab ihr, auf ihre Frage, einen kurzen Überblick über meine bisherige Zen-Erfahrung. Sie verstand und sprach daraufhin ihre Empfehlungen aus. So geschah es, dass ich mich nicht nur für den Einführungsmarathon in Form eines *Sesshin* mit konzentrierter Zen-Meditation für zugleich Anfänger und Fortgeschrittene entschied. Nein, ich buchte doch glatt noch das Bonus-Material in XXL-Packung mit: den Langzeitaufenthalt. Alles im Schweigen. Besinnung pur. Die Reise zu mir selbst.

Immerhin wusste ich schon mal, dass es eigentlich um das Erreichen der Stille, einer gewissen ›Mentalstille‹ in mir, ging. Auch die Diskussionen mit Bob über ›Gedankenlosigkeit‹ ließen mich vermuten, um was es bei solch einer Auszeit gehen könnte. War ich also wirklich bereit, mich mir selbst endlich zu stellen? Nicht zurück in die Zukunft oder vor in die Vergangenheit, sondern vielmehr zurück zu mir selbst? Ins Hier und Jetzt? Wirkliche Stille in meinem Kopf? Wie sollte das gehen? Gedankenlosigkeit? Ausschalten von persönlichen Konditionierungen? Von Sichtweisen und Glaubenssätzen, die meinen bisherigen Glauben stützten? Nein, nicht einen religiösen, sondern meinen ganz persönlichen Glauben – im Sinne von Überzeugungen, die mich bisher durch das Leben, meine Welt und mein Umfeld geführt hatten. Dann das Knacken des ominösen ›Egos‹ und des doch so starken Denkers in mir? Konnte das tatsächlich funktionieren? Ich hatte doch eigentlich keine Ahnung davon. Oder doch? *»Versuche, zum eigenen Beobachter zu werden. Zum eigenen Zeugen, der über sich selbst staunt und erkennt, wo sich welche deiner Grenzen verstecken oder sich gar ganz nach vorne drängeln. Wie denkst du demnach? Verhältst du dich entsprechend? Ruth, folge deinem Gefühl!«* Gefühl? Ja, irgendwo in mir hatte ich eine unerklärliche Gewissheit, dass die Zeit dafür jetzt reif war. Na, ich würde ja sehen. Ob ich nicht besser genügend Taschentücher für meine Lach- und vielleicht auch Heultränen einpacken sollte? Ich würde es erleben und wohl auch überleben. Ja, manchmal braucht es Mut, über seinen eigenen Schatten und die inneren Bedenken hinwegzuspringen. Ich tat es und ich sprang. Ins kalte Wasser? Ich wusste es nicht. *»Viel Spaß, Ruthi! Du hast eine gute Wahl getroffen! Vergiss dabei nicht, uns alle mitzunehmen. Deine persönliche verrückte Rasselbande: deinen Kopf und Verstand, dein Herz, deinen Bauch, deine Emotionen, deinen Rücken, Knie, deinen inneren Antreiber und Saboteur, deine Romantikerin, deine persönliche Meckertante, dein Ego, deinen Magen, deine Muntermacherin, also mich, und schließlich: dich!«*

DAS WANDERN IST DES MÜLLERS LUST

Vom Wasser haben wir's gelernt:
Das hat nicht Rast bei Tag und Nacht,
ist stets auf Wanderschaft bedacht.
Die Steine selbst, so schwer sie sind,
sie tanzen mit den muntern Reih'n
und wollen gar noch schneller sein.

– Anreisetag – Tag 1 –

Zwei Wochen später stiefelt ›Klosterfrau Zerflissengeist‹ los. Es ist Dienstag. Mein Rucksack mit Esspaket, man kann ja nie wissen, und mein Koffer sind gepackt.

»Viel Spaß, Süße! Ich denke an dich!«, lese ich noch Bobs letzte Nachricht, bevor ich mein Smartphone für die kommenden viereinhalb Tage ausschalte. Ja echt! Keine E-Mails, kein *Insta* & Co. Einfach mal für diese Zeit *Digital Detox*. Mmmh, einfach? Na, ob das gut geht und ich es so lange aushalte? Okay, für die E-Mails hält mir mein WG-Partner den Rücken frei, der Rest muss halt warten. Bin selbst gespannt. *»Klar, probiere es doch einfach!«*

Ich besteige den ICE. Er bringt mich bestens zum Zielbahnhof. Die Anschlussverbindung mit Bus klappt auch super.

Meine zunächst ernst schauende Sitznachbarin scheint aufzutauen. Oder war sie nur in Gedanken? »Und? Geht's auch zum Zentrum?«, fragt sie neugierig und lehnt sich zu mir hinüber.

Plötzlich meldet sich der Eilbote in mir und ich erhalte mit einem Mal ein komisches Gefühl im Bauch. Mmmh, pass auf! »Ja«, antworte ich ihr höflich lächelnd, wende dann aber meinen Blick durchs Busfenster hinaus. Nee, zutexten kannst du mal besser deine Sitznachbarin auf der anderen Seite! Ich verkneife mir ein Grinsen. Meine Körper- und Kopfhaltung zeigen wohl Wirkung. Denn schon bald hat Babs, so heißt sie, ihr Gegenüber völlig vereinnahmt. Da hatte ich den Braten doch gerochen. Für ihre Zuhörerin gibt es nun anscheinend kein Entkommen. Ihre einprasselnden Worte höre ich jedenfalls irgendwann nicht mehr. Stattdessen genieße ich zufrieden meine schweigende Aussicht auf die vorbeiziehende Natur dieses sonnigen Apriltags und fühle mich gerade wie eine ›Pilgerin auf Rädern‹. Dann entgleite ich in eine Erinnerung: Bäumen zuwinken.

Ich sitze in meinem Auto-Kindersitz. Dann verrutsche ich nicht. Der Gurt hält mich fest. Mein Schokokeks schmeckt lecker. Aber mir ist sooo langweilig. Mein Keks und ich winken den Bäumen zu. Aber die sind immer so schnell da und wieder weg. Ich kann sie mit meinen Augen gar nicht festhalten. Das ist doof. Ich will endlich wieder raus! Da draußen spielen. Ich will nicht mehr hier sitzen. »Wann sind wir denn endlich dahaaa?«

Papa dreht sich zu mir um. Er guckt so ernst. Ich glaube, ich habe das schon ein paar Mal gefragt, seit wir hier im Auto sind. Mmmh, mein Keks ist alle. Mit meiner Schokozunge lecke ich noch die Krümel an meinem Mund weg. Ich lache Papa an, vielleicht lacht er ja gleich zurück? Dann holt Papa tief Luft. Wie ein Walross.

»Baaald!« Und dann ist er still. Und dann dreht er sich wieder zu mir um und lacht mich an. Und ich lache zurück. Ich mag das, wenn Papa mit mir lacht.

Den Geduldsfaden meines Vaters hatte ich damals vielleicht etwas überstrapaziert. Unwissend. Kinder fragen. Fragen über Fragen. Und trotzdem konnte mein Vater mit mir lachen. Ich glaube, Kinder sind dafür da, über seine eigenen Grenzen nachzudenken. Immer und immer wieder. Manchmal gilt es, ›Nein‹ zu sagen und manchmal eben doch ›Ja‹. Welche Kindheitserinnerung sich doch in einem wieder zeigt? Sehr interessant! Ich schmunzle, hole tief Luft und ahme den Atemzug meines Papas nach. Fast kann ich spüren, wie es in ihm damals aussah. Was er wohl dabei dachte? Ich sehe meinen Vater mit schnaufendem Walrosskopf innerlich vor mir und muss plötzlich grinsen.

Es ist vier Uhr nachmittags, als ich meinen Koffer über den gepflasterten Weg dieses ehemaligen Klosterareals ziehe. Ich gehe hinter Babs und den anderen rund fünfzehn Bus-Ankömmlingen her. Es klappert, poltert und schüttelt meinen Koffer durch. So soll es womöglich auch mir die kommenden Tage ergehen? *»Das ist nur der Anfang, warte ab! Es wird sich Gutes zeigen.«* Wir überqueren eine Brücke, unter der ein kleines Bächlein fließt. Die Luft scheint gespickt von frischen und feinen Wassertropfen. Dann passieren wir altes Gemäuer. *»Schau nur, schau dich um!«* Ja, wie schön ist das denn? Tatsächlich. Einfach herrlich hier! Ich staune. Eine zart restaurierte Rundkirche, ein sanierter Klosterbau, ein alter und neuer Unterkunftstrakt und schließlich ein liebevoll angelegter westlicher sowie ein japanischer Garten erwarten mich. Juhuuu, hier bleiben wir!, brüllt mein innerer Chor im Einklang.

Ich reihe mich vor der Empfangstheke in die Warteschlange der Wanderer ein. Alles ist organisiert, gezahlt wird sofort. Es gibt kein Zurück mehr. Da liegen keine Rückfahrscheine aus und es besteht auch keine Umtauschmöglichkeit, kein *Swap*-Service oder sonstige Ich-entscheide-mich-doch-nochmals-um-und-ziehe-den-Schwanz-ein-Option. *»Geh, aber geh mit Gott, mit und in dir. Und wenn du hier früher als geplant weg möchtest, so ist es ganz allein deine Entscheidung, Schätzelein. Dann packe dich und nimm Reißaus. Aber pass auf, dass du nicht vom Weglaufen vor dir selbst stolperst und dir die Knie aufschlägst.«* Ich grinse und kontere zugleich: Nee, dazu wird es nicht kommen!

Mit einem Einzelzimmer hat es leider nicht mehr geklappt. Schade eigentlich. *»Nun, wer weiß, wofür es gut ist?«* So teile ich mir ein Doppelzimmer mit wem auch immer. Rasch trage ich mich noch in der neben der Rezeption ausliegenden Liste für die tägliche Mitarbeit ein. Denn hier hilft jedes Murmeltier vormittags eine Stunde mit. Ich überlege. Putzen? Vielleicht. Küchendienst? Mmmh. Näharbeiten? Och nee. Da prescht sich offenbar mein innerer Gartenzwerg vor und brüllt aus vollem Halse: Kreuz Gartenarbeit an! Tu es! Sofort! Ich fühle mich soeben zwar angetrieben, kann aber nur lächeln, denn es ist völlig in meinem Sinne. Klar mache ich das und zwinkere ihm zu. Da habe ich tatsächlich so richtig Lust drauf. Mit dem Bleistift kritzele ich in die richtige Zeile dieser Übersicht. Gartenarbeit und frische Luft. *»Das wird dir guttun!«*

Mein Blick wandert im nächsten Moment die Treppe hinauf. Ich folge ihr zähneknirschend und schleppe mein viereckiges Bündel, keinesfalls leicht und auch nicht mit Stock als Tragehilfe, in die dritte Etage. Stufe für Stufe spiele ich mit mir selbst ›Ich-packe-meinen-Koffer‹.

»Ruthi, kommst du?« Meine Mama wartet auf mich. Sie will mich zum Bus bringen. Nachher beginnt unsere Ferienfreizeit.

»Jahaaa, ich bin gleich feeertiiig!« Ich habe gerade mal wieder heimlich den von ihr gepackten Koffer vollständig ausgeräumt. Ich packe einfach anders. Dann kann ich halt auch mehr mitnehmen. Ist doch logisch, oder? Stolz schaue ich mir meine Arbeit an. Ich grinse und schnalle die roten Lederriemen vorne wieder zu.

Mit meinen Händen halte ich den Koffer vor meiner Brust hoch. Dann kann ich besser gucken und die Treppe runtergehen. Ich schwanke nach unten.

Puh, ganz schön schwer! Gibt's hier denn keinen Aufzug? Ich torkle nach oben. Noch zu Hause kniete ich vor diesem Koffer und überlegte ganz genau, was ich mitnehmen sollte. Menschenskinder! Ich habe ja jetzt wirklich nicht viel eingepackt, aber das fühlt sich wie fünf Backsteine an. Oder vielleicht fünfzig Kekspackungen? *»Oder ist der Koffer einfach heute besonders und extra schwer? Nur für dich, Ruthi, weil er in den obersten Stock hinauf möchte?«* Ich überlege. Ob die Neuen mit ihrem Paket, das sie mitbringen, etwa immer erst in den oberen Etagen untergebracht werden? *»Vielleicht ist das schon jetzt für dich die Erinnerung daran, was du beim nächsten Mal an fühlbarem Ballast zu Hause lassen könntest?«* Von wegen Optimal-Packen! Es piesackt mich irgendwo aus mir heraus. Menno! Okay, jetzt mal ehrlich: Was hätte ich daheim lassen können? Die Yoga-Matte und das einzige Buch? Meine Joggingschuhe? Meine Funktionsunterwäsche, fünf T-Shirts, mein Regencape oder die Wollmütze? Ich erwandere meinen Pilgerweg gen Zimmer 328 und höre auf, innerlich zu schimpfen.

»Jeder trägt sein Material selbst.« Korrekt! So zumindest lautete immer das *Mantra*, diese alte Leier meines Ex-Freunds Andrew, der sich im Skiurlaub auf dem Weg zur Gondel nie zusätzlich auch noch meine Skier auflud. Also damals, ja da war alles ganz anders. Und ganz, ganz damals mit Peter erst recht: Der wiederum trug meine Skier immer auf seinen Schultern mit. *»So ändern sich die Zeiten: Heute ist jeder für sich selbst verantwortlich.«* Stimmt, wie eigentlich auch schon damals, nur mit dem Unterschied, dass ich es heute besser erkenne und auch daran glaube. Jedenfalls waren und sind die beiden immer noch Gentlemen. Das steht außer Frage!

Mein, besser gesagt, unser Zimmer liegt tatsächlich ganz am Ende des langen Gangs. Oh Mann, wenn schon, denn schon, was? Auch die letzten Meter gehören mir. *»Ja, du schaffst das!«*

Ich komme an und lege ab. Das Fenster ist gekippt. Durch seinen Schlitz dringt das beruhigende Plätschern des Buddha-Brunnens unterhalb unserer Fensterbank zu mir vor. Neugierig ziehe ich den Vorhang zurück. Großartig! Rechter Hand der Wald, linker Hand die Aussicht in Richtung Klostergelände und der beiden alten Häusertrakte. *»Tiptop, Ruthi! Bis hierhin hast du alles richtig gemacht. Weiter so!«* Ich fühle mich bestärkt, schaue mich um und wähle spontan das rechte Bett. Es wirkt kuscheliger, mehr durch die Wände dieser Zimmernische umhüllt. Ich bin echt gespannt auf alles, was da kommen möchte. Wer wohl mit mir im Zimmer schlafen wird? *»Vertrau einfach, es wird schon eine Nette sein!«*

Die auf dem Tisch ausliegende Info-Mappe blättere ich durch und lese die Empfehlungen und Regeln des Hauses: auf Parfüm verzichten. Aha, logisch! Das kann ich verstehen. Putzen gemäß farbiger, laminierter Anleitung im Badezimmer-Eimer. Mülltrennung genauso wie zu Hause. Gut und einfach! Alle aufgelisteten Punkte erscheinen mir schlüssig und konsequent in der gegenseitigen Rücksichtnahme für den gemeinsamen und achtsamen Aufenthalt vor Ort. Zugleich macht es mir die eigene bisherige Lebensgewohnheit und auch den Umgang und mein Wirken im Außen bewusst.

Summ, summ, summ!

Bienchen, summ herum!
Such in Blumen, such in Blümchen,
dir ein Tröpfchen, dir ein Krümchen!
Kehre heim mit reicher Habe,
bau uns manche volle Wabe.

Pünktlich um sechs Uhr beginnt das Abendessen. Mir scheint, dass fast neunzig Prozent der Leute hier Wiederholungstäter sind. Nur einige wenige, wie auch ich, heben die Hand, als gefragt wird, wer das erste Mal da sei. Ruth nicht allein zu Haus, aber anscheinend unter Voll-Profis! Na, das kann ja lustig werden. *»Das ist es schon!«* Das Abendessen hat ein festgelegtes Ritual. Jeder stellt sich dafür hinter einen Stuhl. Für heute Abend gilt noch freie Platzwahl. Es wird gewartet, bis jede Biene des Stammes ›Flüsterwolke‹ im Speisesaal ihren Platz gefunden hat. Der Raum strahlt helle Freundlichkeit aus. Außerdem hat man hier einen so schönen Blick nach draußen auf den Vorhof und das Grün des hinteren Gartens.

Dann quietscht es plötzlich schmerzlich. Autsch! Geht's noch? Im nächsten Moment fiept es in meinen Ohren und hallt in mir nach. Das Zurechtgeschiebe der Holzstuhlfüße auf dem harten Parkettboden kommt mir irgendwie bekannt vor.

Mit dem nächsten Wimpernschlag stehe ich im Speisesaal unserer Jugendherberge. Es duftet aus der Küche so lecker nach Kartoffeln.

Wir alle haben Kohldampf und warten gespannt wie Flitzebogen auf unser erstes Mittagessen. Ob Manfred nachher Lust auf Blödsinn hat? Zahncreme unter die Türklinken schmieren? Oder die Schlafanzüge von den anderen verknoten? Oder uns unauffällig zu zweit im Tischtennisraum verstecken? Oooh, ein einziger Kuss nur. Davon träume ich! Ja, ich mag Manfred. Sehr. Aber der hat gerade nur Augen für Miriam aus der 6b. Der scheint total verknallt in die. Echt schade. Das macht mich traurig. Warum schaut er denn mich nicht so wie Miriam an? Und warum will er mit mir nicht so viel zu tun haben? Weil ich so dünn bin? Oder gibt es da einen anderen Grund?

Das nächste Blinzeln. Drei Wochen später. Ich stehe im Flur vor unserem Klassenraum. Manfred kommt auf mich zu. Wir sind allein und haben noch Pause. Ich merke, wie unsicher er ist. Er hat wahrscheinlich ein schlechtes Gewissen. Miriam hat ihm wohl einen Korb gegeben. Er schaut mich mit fast flehendem Blick an. »Willst du mit mir gehen?« Klar fühle ich mich gebauchpinselt, aber jetzt will ich auch nicht mehr. Ende Gelände! Genau! Auf meinem gedanklichen Spickzettel kreuze ich noch nicht einmal ›vielleicht‹ an. Ich habe ja schließlich auch meinen Stolz. Mach einfach die Fliege! Ich schüttle den Kopf und lasse ihn schweigend und bedröppelt stehen.

»Ruhuuuth, Träuuumeeerleee, komm zurück ins Hier und Jetzt!« Ich schaue verschmitzt zu meinem Tischnachbarn und mir wird bewusst, dass ich keinen blassen Schimmer habe, wie er heißt. Jedenfalls ist es nicht Manfred, aber er lächelt mich an.

Gabi steht links vorne am Tischende der Hausgemeinschaft. Sie schwingt zwei handgroße Holzklötze zusammen und es klackt in der nächsten Sekunde ein erstes Mal. Das lässt den Ankommenden hinter seinem Stuhl innehalten. Noch fühle ich mich unsicher. *»Schau einfach, wie es die anderen machen.«* Ich folge dem inneren Rat. Ein zweites Klack erlaubt es dann jedem, nach seiner mit zusammengelegten Handflächen traditionellen Verbeugung, dem *Gassho*, den Platz einzunehmen. Ich beobachte und passe mich an. Jetzt versorgt sich jeder mit den Köstlichkeiten der hiesigen Bio-Küche. Ist jeder schlicht weiße Teller mehr oder minder bewusst, großzügig oder zurückhaltender gefüllt, so macht die jeweilige Sechser-Tischgemeinschaft ein erneutes Gassho zueinander. Nun gut, das habe ich verstanden. Wir beginnen zu essen. Noch ist das Sprechen erlaubt. Gott sei Dank, denn ich rede gerne.

Rolf aus Hannover sitzt neben mir. Er hat ein freundlich herzliches Lächeln. Seine weißen halblangen Haare sind zu einem Pferdeschwanz zusammengebunden, aber ökomäßig sieht der mal gar nicht aus. Ich schätze ihn auf Ende fünfzig. Vielleicht ist er sogar Anfang sechzig? Dennoch wirkt er so jung geblieben. »Zum ersten Mal hier?«

Ich nicke. »Ja, ich brauch mal eine Pause von allem. Und du?«

»Ich komme schon seit Jahren hierher. Wie lange bleibst du?«

»Für das Sesshin bis Sonntag, aber in zwei Wochen bin ich nochmal für drei Wochen am Stück da. Langzeitaufenthalt.«

»Wow! Das ist aber mutig für dein erstes Mal und eine gute Entscheidung. Es wird dich enorm weiterbringen«, prophezeit er mir.

Wir plaudern und essen nebenbei. Eigentlich sollte es doch umgekehrt sein. Na, jedenfalls erhält Anfängerin Ruth die ersten Tipps von Voll-Profi Rolf. Dankbar nehme ich sie an. Die Zeit vergeht wie im Flug, als ich merke, dass mein Teller immer noch halbvoll ist. Auweia! *»Ruth, komm in die Puschen, sonst bist du hier heute die Letzte mit dem Aufessen.«* Ich fühle mich unsanft angetrieben und nicht wohl, als ich einen Gang zulege. Zwischendrin schaue ich mich wieder um. Dann hat die Saalgemeinschaft zu Ende diniert. Ich selbst hechle mit meinem Nektar hinterher und bin auch fast zeitgleich mit den anderen fertig.

Der Altersdurchschnitt der Teilnehmer liegt übrigens geschätzt zwischen Anfang vierzig und Ende fünfzig. So, wie ich später feststellen werde, gibt es hier und da auch den einen oder anderen Dreißiger, Sechziger oder Siebziger. Die älteste Biene vermute ich auf Mitte achtzig. Es ist eine zierliche Dame in feiner Robe und gepflegter Kurzhaarfrisur, deren weiße Locken sie sich wahrscheinlich morgendlich aufdreht und danach zum Volumen glatt kämmt. Sie trägt farbenfrohe Oberteile. Das mag ich ja. Die Dame erinnert mich ein wenig an meine Großmutter aus Israel, mit dem Unterschied, dass ich sie nicht so bunt gekleidet in Erinnerung habe. Oma trug eher nur schwarz und weiß oder auch mal beige.

Siggi, der Leiter des Zentrums, läutet die Tischglocke, erhebt sich und unterbricht das gesprächige Summen im Speisesaal. Das also ist Siggi! Der hat aber strahlende Augen. So tiefblau! Das kann ich sogar von hier aus erkennen. Siggi begrüßt uns alle und gibt die ersten Anweisungen und Regeln preis. Im Affentempo stellt er uns die um ihn herumsitzenden Hauptansprechpersonen der kommenden Tage vor. Äh, hallo? Siggi? Langsamer bitte! *»Das ist die Neue hier! Dürfen wir vorstellen: Ruth Kirschbaum.«* Ich schaue verdattert durch die Reihen und dann zu Siggi zurück. Die Namen kann ich mir in Teilen noch merken. Doch weiß ich nicht, welcher Name zu welchem Gesicht gehört. Mmmh, wer war jetzt noch gleich wer? Verdutzt schaue ich Rolf an, der anscheinend all die Fragezeichen über meinem Kopf kreisen sieht, und zucke mit den Schultern. Er lächelt besänftigend. *»Das ergibt sich! Rolf hat recht. Entspann dich! Es ist alles in Ordnung!«*

Dieser Haupttisch aus Hausgemeinschaft und Mitarbeitern gibt irgendwann den initiierenden Klirr-Klapperton an. Das benutzte Geschirr wird ineinander gestapelt und zentral gesammelt. Alle anderen Tische folgen unverzüglich. Es poltert vorübergehend im gesamten Saal. Die dann abnehmende Geräuschkulisse wird jedoch kurz wieder mit einem nächsten hölzernen Klack unterbrochen. Die Leute erheben sich und halten hinter ihren Stühlen inne. Ich schaue erneut um mich herum. Ein letztes Klack hier mit Gassho für diesen Abend erlaubt nun allen suchenden Bienchen, sich aus diesem Zentrum der Gaumenfreuden zurückzuziehen.

Es ist halb sieben und ich habe noch eine Stunde Zeit, um das Gelände zu erkunden. Mein Blick bleibt zunächst an der Info-Tafel im Eingangsbereich kleben. Wie bitte? Warte mal! Ich reibe mir die Augen und fokussiere neu. Ich erfasse genauer die Realität vor meiner Nase. Unser täglicher Zeitplan der kommenden Tage erschließt sich, scheinbar eingemeißelt in den Zeilen vor mir – schwarz auf weiß:

Sesshin / täglicher Ablaufplan

	morgens
5:00	Wecken
5:30 – 6:00	Schnelle Geh-Meditation (bei gutem Wetter draußen auf dem Hof, bei schlechtem Wetter im *Zendo*)
6:00 – 7:30	Sitzen in Stille – langsame Geh-Meditation – Sitzen in Stille
7:30	Frühstück
8:15 – 9:15	Arbeitszeit
9:15 – 9:45	Freie Zeit
9:45 – 12:00	Sitzen in Stille – Vortrag – langsame Geh-Meditation – Sitzen in Stille
12:00	Mittagessen
ab 13:15	Tee/Kaffee mit Kuchen
	nachmittags
14:00 – 14:30	Schnelle Geh-Meditation (bei gutem Wetter draußen auf dem Hof, bei schlechtem Wetter im Zendo)
14:30 – 16:00	Sitzen in Stille – langsame Geh-Meditation – Sitzen in Stille
16:00 – 16:30	Pause

16:30 – 17:00	Körperübungen
17:00 – 18:00	Sitzen in Stille – langsame Geh-Meditation – Sitzen in Stille
	abends
18:00	Abendessen
18:30 – 19:30	Freie Zeit
19:30 – 20:50	Sitzen in Stille – langsame Geh-Meditation – Sitzen in Stille
20:50	Abschluss

Heidrun und ihre Freundin stehen neben mir. Wir lesen und staunen uns schweigend an. *»Mund zu, es zieht!«*, giggelt meine innere Freundin. Doch mir fällt soeben die Kinnlade herunter und meine gerade noch vor mir verschränkten Arme stemmen sich jetzt kraftvoll in meine Seiten. *»Ein herrliches Bild, ihr drei!«* Ich bin mir nicht sicher, ob ich lachen oder weinen soll. Mir verschlägt es förmlich die Sprache. Für einen kurzen Moment fühle ich mich wie erstarrt. Es ist, als würde mein Herzschlag pausieren, um dann wiederum schneller zu werden. Mit weit aufgerissenen Augen und Stirnrunzeln realisiere ich es jetzt endgültig: oh – my – God! Ach, du meine Güte! Um fünf Uhr geweckt werden? Und das jeden Morgen? Aber im mir zugemailten Zeitplan stand doch etwas von Viertel vor sechs? *»Nun, das war der Tagesprogrammbeginn für Kurz- und Langzeitaufenthalte, doch nicht der für diesen Kurs,*

Schätzelein.« Sogleich werde ich von einer Erinnerung und Verwechslung in mir aufgeklärt. Ich spüre Grummeln im gesamten Bauchraum. Mein Magen zieht sich zusammen. Freunde des Lichts! So war das nicht abgemacht! Und das jeden Tag? Fünf Uhr morgens? Fünf? Ich suche in mir, ob ›fünf‹ nicht vielleicht doch ›sechs‹, ›sieben‹ oder sogar ›acht‹ bedeuten könnte, kriege aber innerlich aus irgendeiner Ecke den Vogel gezeigt. Na, das fängt ja wirklich gut an. Ich spüre, wie wütend ich werde und fühle mich von mir selbst betrogen, hintergangen. Also irgendetwas habe ich hier beim besten Willen nicht mitbekommen. Mein Ego scheint schon jetzt kurz davor zu sein, eine Protest-Demo zu organisieren. Doch wo kriegen wir auf die Schnelle die Plakate, Pinsel und die Farben her? *»Ruth, lass los! Und erlaube deinem Ego stillzuhalten – wenigstens für diesen Moment!«* Mein innerer Zwist wird in dieser Sekunde im Keim erstickt.

Mich zieht es nach draußen und ich schlendere gemütlich durch den wunderschön angelegten japanischen Garten. Alles ist so lieblich hier. Eine kleine, ruhige Oase begrüßt mich. Die weißen Kieselsteinflächen sehen mit ihren Rillenmustern wie übergroße Fingerabdrücke aus. Das Wasserplätschern des Brunnens nahe dem Eingangstor und das sanfte Vogelgezwitscher des benachbarten Waldes kraulen angenehm meine Ohrmuscheln. Meine Augenlider schließen sich und ich sauge das alles gerade mal angenehm und tief in mich ein. Im Sommer summt es hier wahrscheinlich kreuz und quer. Hell und dunkel, langsam und schnell. *»Es ist ein Ort des Ankommens, ein*

Hort für die Sinne, genau richtig für dich!« Ich nicke und spaziere weiter. Da entdecke ich einen hellen Holzbau mit überdachter Terrasse. Aaah, das wird wohl das Teehaus sein, in dem sich jeder Meditierende offensichtlich auch niederlassen darf? *»Richtig!«*

Die Stille dieser ersten behaglichen Eindrücke nehme ich in mein Zuhause der kommenden Tage, in unser gemeinsames Zimmer mit und lerne Angela, meine Schweigegefährtin, kennen. Ruhig, eigenbrötlerisch und zurückgezogen wirkt sie auf mich. Etwas unnahbar, leicht reserviert, doch höflich und freundlich. *»Aha!«* Ja, so glaube und bewerte ich es zumindest für diesen Augenblick, ohne dass ich sie überhaupt kenne oder genau weiß, wie ich eigentlich auf diesen Trichter komme. An und für sich versuche ich, Menschen immer unvoreingenommen zu begegnen. Doch spiegelt man sich selbst immer in seinem Gegenüber wider. *»Ja, das hast du mittlerweile erkannt. Aber manchmal gefällt dir das nicht, was du da siehst oder an erstem Eindruck erhaschst, oder?«* Stimmt! Dann meldet sich oft und schneller als der Blitz der Kritiker in mir zu Wort. Der, der direkt versucht, eine passgenaue Schablone aus irgendeiner Schublade meines Unterbewusstseins und meinen bisherigen Erfahrungen in mir hervorzuzücken. Das klappt aber nicht immer. *»So ist es: Spiegel und Schablone deiner Erfahrung passen nicht immer zusammen. Dafür machst du eben neue! Das ist das Wesen einer Erfahrung. Mit jeder Erfahrung wächst du im Leben!«* Gut, im Augenblick ist alles fein für mich. Angela und ich tauschen uns lediglich zu unseren Namen, Voll-Profi- oder Anfänger-Status und

Herkunftswaben aus. Denn wir haben bereits Viertel nach sieben und gleich geht es los. Wir sprinten hinunter zum Säulensaal im Erdgeschoss.

Für die Neuen beginnt hier, wie vorhin von Siggi im Sauseflug angedeutet, die Frage-und-Antwort-Runde mit Ramona. Sie ist eine der drei unseres Zen-Lehrer-Teams dieses Kurses. Ich lehne mich an eine der verzierten Holzsäulen dieses Raums und höre ihr zu. Sie gibt uns Erläuterungen zu Verhalten und Organisation. Ramona ist mir spontan unsympathisch. *»Wieso? In welche Schablone passt sie hinein und an wen erinnert sie dich denn?«* Ich weiß es nicht genau. Für mich wirkt sie kühl und sachlich. Sie besitzt zwar eine flotte Kurzhaarfrisur, hat dunkle Haare, wie meine Oma, steht aufrecht und schaut uns alle nacheinander respektvoll an. Doch trägt sie dunkle Kleidung, auch wie Oma. Das mag ich nicht. *»Aber, Ruth, auch hier verbirgt sich eine neue Erfahrung. Urteile nicht so schnell und warte ab. Lausche und beobachte einfach weiter.«*

Die Fragen der Teilnehmer versiegen irgendwann. Sie scheinen alle beantwortet zu sein. Ramona nickt dann ruhig und bestätigend in diese Runde hinein. Die Gruppe beginnt sich nun aufzulösen. Wir bewegen uns zu dem großen Meditationssaal, unserem Zendo der kommenden Tage.

HOPP, HOPP, HOPP, PFERDCHEN LAUF GALOPP!

Über Stock und über Steine,
aber brich dir nicht die Beine!
Zähme deine wilden Triebe,
Pferdchen, tu's mir ja zuliebe.
Brr, brr, he!
Steh mein Pferdchen, steh!

»Ruthiii, wieviel Uhr haben wiiir?«

Ich gucke auf meine Armbanduhr. »›Viertel-vor-Nesquik‹!« und lache.

»Haaa-haaa-haaa, du bist gemeiiin! Jaja, Zeit zum Umrühren, ich weiß!« Mein Bruder verdreht genervt die Augen.

Es war damals ein Spiel, bei dem wir dem anderen einfach nicht die Uhrzeit verraten wollten. Und doch waren wir meistens pünktlich vom Spielen draußen zum Essen zurück.

Heute wollen wir zeitig im Zendo sein. Nicht ›Viertel-vor-Nesquik‹, sondern einfach ›fünf vor‹ ist hier im Zentrum die Devise. Damit die Gemeinschaft nicht auf den Einzelnen und das Meer nicht auf den Tropfen warten muss. War ich doch eigentlich pünktlich bei Ramonas Frage-und-Antwort-Stunde, kamen mir andere uneigentlich zuvor und legten offensichtlich mit ihrem Fragenkatalog schon los. *»Und in dieser Zeit hast du ein paar wichtige Antworten verpasst!«* Ey, das ist total unfair! Es ist, als würde ich nun zetern und mich im Recht fühlen. Spätestens hier habe ich auch nicht mitbekommen, dass jedem von uns ein Platz fest zugewiesen und dieser sogar mit eigenem Namenskärtchen versehen ist.

Im Vorraum decke auch ich mich mit den Meditationshelfern aus den Schränken ein: Eine braune Wolldecke und ein rundes schwarzes Meditationskissen klemmen unter meinen Armen, als ich den Zendo betrete. Kurz bleibe ich stehen und begrüße, wie soeben gelernt, den sich vor mir ausweitenden, länglichen Saal mit meinem bestmöglichen Gassho. *»Das ist gar nicht so einfach mit all deinen Wellness-Utensilien unter den Achseln, nicht wahr?«* Streng ziehe ich meine Augenbrauen zusammen und überhöre diese Frage. Aus meinen zusammengepressten Augenlidern will sich kurz ein Funke entzünden, aber ich unterdrücke ihn. Ich verkneife mir einen weiteren inneren Disput. Denn wie ein kleines Kind stehe ich schweigend da und meine Augen werden groß und größer. Mein Blick fängt eine goldene, von der Deckenmitte herabhängende Scheibe mit rechtsdrehendem Spiralmuster ein. Darunter steht ein schmaler flacher Holztisch mit bereits entzündeter Kerze, einer Blume in der Vase sowie einer Tonschale mit Sand, in dem die Räucherstäbchen offensichtlich auf ihren Einsatz warten. Oooh, ist das schön hier! Ist das so etwas wie ein Altar? *»Nein.«* Nun, ich weiß es nicht genau, denn mit Altären bin ich nicht aufgewachsen und deswegen kenne ich mich damit nicht aus. Mein Blick wandert weiter und ich sauge alles in mir auf. Wow! Hier fühle ich mich wohl. Ringsherum hat sich schon der eine oder andere auf den erhöhten Sitzbänken und den auf dem Boden verteilten beigefarbenen Sitzmatten eingefunden. Ramona sagte, es würden einhundertzwanzig Leute kommen. Ich nehme einen tiefen Atemzug. Diese Stille und Gleichgesinntheit hier im Zendo wirken auf mich irgendwie ergreifend. Ich bin wirklich gerührt. Freudentränen wollen in mir emporsteigen. Doch schlucke ich sie wieder herunter, als ich daran erinnert werde, was ich als Nächstes tun wollte. *»Liebes!«* Ja, ich weiß. *»Nicht zu lange schauen, sondern finden! Hopp-hopp!«* Ich mach ja schon und bin auf meinem Weg. Aber wohin? Wohin geht nur meine Reise? Ich blicke umher und frage mich, wo ich sitzen soll. Mein Ego wünscht sich einen schönen Platz herbei. Na, sieh mal einer guck! Dort, auf diesen reliefverzierten Bänken, gibt es rechter Hand vor den Fenstern noch einen freien Sitzplatz. Super! Da trabe ich hin. Er scheint wie für mich gemacht. Außerdem wirkt der Typ nebendran auch ganz nett. Er nickt mir freundlich zu. Ich lächle zurück.

»Im Nachhinein betrachtet, amüsiert er sich wahrscheinlich köstlich über dich und deinen Auftritt: Voll beladen mit deinen Meditationsutensilien betrittst du zaghaft den Saal, verneigst dich mit deinem Material in Gassho-ähnlicher Haltung, staunst und fängst dann erst an, dich zu orientieren.« Ja, das stimmt wohl. Wäre ich mal besser um fünf vor ›fünf vor‹ gekommen. Dann hätte ich mit mehr Ruhe meinen Platz gefunden und ihn eingerichtet. *»Genau. Und genügend Zeit zum Umrühren gehabt!«*, zwinkert mir meine innere Freundin noch zu. Die Neue halt, die noch nicht alle Regeln er-

fahren hat. Ich hole tief Luft und bin kurz davor, meine Schultern wieder anzuspannen. Nein, ich versuche, mich nicht wieder selbst zu verurteilen und werde zugleich besänftigt. *»Du bist hier goldrichtig, Schätzelein, und du machst das schon.«* Okay. Wirklich? *»Ja wirklich!«* Mit plötzlich entspanntem Oberkörper nehme ich meine Meditationshaltung ein.

Im Gegensatz zu den Teilnehmern, die auf den Bodenmatten ihren Platz gefunden haben, blicken wir hier oben von unseren breiten Thronen auf die Sitz-Gemeinschaft in den Zendo hinab. Wie ein Reiter, der weit in die Ferne der Prärie schaut, sein Glück sucht und es vielleicht auch findet. Von diesem Fleck aus kann ich fast alles sehen. Zugleich freut sich gerade der Kontrolletti in mir und signalisiert mir sein ›Daumen-nach-oben‹: Like!

Siggi, Ramona und Martin, der dritte Zen-Kursleiter im Bunde, betreten nun den Zendo und nehmen ihre zentralen Plätze auf den Bänken an der gegenüberliegenden Wand ein. Wir schauen auf, denn Siggi spricht noch kurze persönliche Einführungsworte. Er freut sich, dass uns der Weg hierher geführt hat. Auch ich freue mich und bin ziemlich hibbelig, unterdrücke aber dieses innerliche Gewippe. Ich, also wir alle, mögen üben, immer und immer wieder. Das heißt dann wohl Stillsein und Stillsitzen und mich auch nur darauf konzentrieren. Meditation eben – so oder so ähnlich, oder? Siggi bittet uns, für uns selbst wie auch für die anderen, ab jetzt im Schweigen zu bleiben. Ein Schweigen, das erst in viereinhalb Tagen wieder aufgehoben wird.

Puh! Schweigen. Ob mir dies leicht fallen wird? Ob ich das aushalten werde? *»Erlaubtes Schweigen?«* Mmmh, vielleicht wird es auch gar nicht so schlimm werden wie gedacht? *»Schau einfach, was es mit dir macht! Und natürlich darfst du für Ausnahmen dein Schweigen brechen.«*

Dann schweigt Siggi und so langsam auch der gesamte Saal. Hier und da raschelt es noch, weil Kissen und Decken zurechtgelegt werden. Spätestens jetzt bewegen sich unsere aller Blicke zurück vor unseren jeweiligen Sitzplatz, als wäre jeder nun auf eigener Futtersuche. Doch kann ich meine Augen noch nicht schließen. Hier ist Vieles so neu für mich. Nachdem ich abermals kritisch in die Runde gespickt und ein allerletztes Mal alles abgecheckt habe, klappt auch endlich mein zweites Augenlid zu. Meine Lippen pressen sich vor Respekt und Aufregung zusammen. Die Start-Taste ist gedrückt.

Schweigen. Nach außen hin halte ich Ruhe, das fällt mir gerade leicht. Aber innerlich beginnt es augenblicklich loszuplappern: Jetzt geht's lohooos, jetzt geht's lohooos! Es hallt in mir nach. Ich kann es aber nicht genau zuordnen. Schweigt, so wie Siggi es gesagt hat! Dann ist es tatsächlich still in meinem Kopf. Aha, so hört es sich also an. Für einen klitzekleinen Moment hatte ich Ruhe. *»Genau, Quasselstrippe Ruth wird von nun an ihre kommunikative Ader zurückfahren. Sie hat eine neue Aufgabe und wird sich den Regeln hier fügen: Schweigen im Sitzen und beim Gehen, Schweigen beim Essen und Zähneputzen. Schweigen auf der Toilette und zu guter Letzt auch Schweigen beim Schlafengehen und Aufstehen.«* Ja, danke. Ich denke, ich hab's verstanden. So, und jetzt möchte ich bitte in diese Gedankenstille kommen, verstanden? *»Das ist ja mal eine klare Ansage. Nun, beobachte einfach, was passiert.«*

Drei Schläge einer Klangschale ertönen und durchfluten jetzt wellenförmig den gesamten Raum. Sie hallen nach, nehmen ab und es wird ruhiger. Doch schon werde ich von meinem Tinnitus erinnert, denn der geht noch mit dem Schall in Resonanz und scheint sich mit ihm pudelwohl zu fühlen. Ja, im Außen eine beginnende Stille und im Inneren dieser Tinnitus, der das unhörbare Atmen aus zweihundertvierzig Nüstern durchfährt.

Mein Tinnitus. Er begann zwei Jahre vor meinem Burnout. War er ein erster innerer Signalgeber? Änderte ich daraufhin mein Verhalten? Meine Lebensweise? Schaute ich mir damals mein Leben und meine Eigenarten an? Mein eigenes, selbst geschaffenes und vor allem berufliches Hamsterrad? *»Nein!«* Tinnitus. Ist er ein Freund oder ein Feind? Ein Helfer, damit ich mich selbst nicht mehr überhöre? Wann habe ich mich in der Vergangenheit überhört oder gar vergessen? *»Oft. Sehr oft sogar!«* Mal nehme ich ihn mehr, mal weniger wahr. Mal brüllt und mal flüstert er. Ich lebe mit ihm und er mit mir. Irgendwie sind wir ein Team. Ein Dauer-Piepston, der mir gerade seit längerer Zeit mal wieder bewusst wird. Wie lange noch? Wie lange eigentlich willst du mich noch begleiten? Ich erhalte jedoch keine Antwort darauf. Oh ja, ich glaube daran. Er wird irgendwann gehen. Aber dafür werde ich ihn dann auch loslassen. *»Nun, Ruth, vielleicht ist er auch ein Geschenk?«* Wie bitte? Ich schüttle kurz und dezent meinen Kopf und versuche, mich ab jetzt zu konzentrieren.

Es folgen meine und unsere ersten vierzig Minuten Meditation im Sitzen. *Zazen*. Die Zen-Übung, also dieses absichtslose Sitzen im Hier und Jetzt. Aha. Mucksmäuschenstill ist es. So still, dass es meinem Ego unheimlich wird. Gänsehaut breitet sich auf meinem Körper aus. Was geht hier vor? Was machen die hier alle? Gefahr? Kontrollverlust? Na, bevor das passiert, schaue ich mich doch lieber wieder unauffällig um. Gedacht – getan. Mein rechtes Auge öffnet sich wieder und erkundet die Umgebung. Das linke folgt sogleich. Ohne meinen Kopf zu bewegen, lasse ich sie unauffällig umherwandern. Scheuklappen habe ich ja schließlich nicht auf. *»Wirklich nicht?«* Mein Blick hüpft von Matte zu Matte und plötzlich erkenne ich: Oooh Miiist! Die haben ja alle Namensschilder vor ihren Sitzplätzen liegen. Eine Welle an Scham durchfährt mich. *»Und das Schild vor dir trägt mal so gar nicht deinen Namen!«* Wie peinlich ist das denn? Für einen Moment vergesse ich das Atmen. Mir wird es gerade unwohl im Bauch. Und warm ist mir mit einem Schlag auch. Soll ich mich jetzt noch umsetzen? *»Nein, dafür ist es zu spät. Das würde zu viele Geräusche verursachen und die anderen ablenken.«* Nickend schließe ich erneut die Augen und suche meine innere Stille. Aber wo ist die nur? Mein Gedankenkarussell bleibt einfach nicht stehen, sondern dreht sich immer weiter. Es gibt also auch einen Platz für mich. Ich weiß, dass ich später meine Runde gehen und schauen werde, ob ich ihn finde. Haben die anderen eigentlich auch geschlossene Augen?

Der allzeit bereite Denker in mir meldet weiter seine Neugier an. Ich schaue mich wieder um. Huch! Oh – äh – sorry! Der eine da schräg vor mir hat mich wohl erwischt. Ich fühle mich diesmal von jemand anderem als mir selbst ertappt und laufe hochrot an.

Mein Herz klopft so stark, als würde es mir gleich aus der Brust heraushüpfen wollen. Irgendwie atme ich schneller. Ob das jemand sieht oder mitkriegt? Soll ich ihn nehmen oder nicht? Aber er gefällt mir so gut. »Bist du wirklich sicher, dass du den haben willst?« Ja, die Farben sind schön und diese Punkte auch. Er ist so weich und duftet sogar nach Kaugummi. Lecker! Aber mein Taschengeld reicht dafür nicht mehr aus. Soll ich oder soll ich lieber nicht? Mein Herzklopfen wird noch stärker. Ich spüre es ganz doll in meinem Hals. Aber bevor ich es mir noch zweimal überlege, schlucke ich es herunter. Ich stecke ihn einfach in meine Hosentasche. Ja! Ich hab's getan. Ich fühle mich glücklich, aber auch ein bisschen komisch im Bauch. Nein, es gibt jetzt kein Zurück mehr: Ich habe gerade einen Ratzefummel geklaut. Ob das etwas Böses ist, was ich da gemacht habe? Ja? Nein? Vielleicht? Ich will darüber jetzt nicht nachdenken. Ich will es gar nicht wissen. Ich will ihn nachher nur auspacken, anfassen, riechen und ausprobieren.

Mama wartet draußen vor dem Laden. Ich gehe zu ihr und tue so, als wäre nix gewesen. Ich will mit ihr weitergehen. Da merke ich, dass sie immer noch stehengeblieben ist. Mama schaut mich mit großen Augen an. Dann spricht sie im ruhigen Ton zu mir. »So, Ruth, und nun bringst du das, was in deiner Hosentasche steckt, wieder genau dorthin zurück, wo du es hergenommen hast.«

Mit einem Mal ist mir so richtig schlecht im Bauch. Ich fühle mich schuldig.

Scham. Ja, ich weiß es noch genau: Ich wäre damals gerne im Erdboden versunken. Hui, ich schämte mich so sehr dafür. So war es eine wichtige Lektion fürs Leben. Meine Mutter stupste mich in meine Selbstverantwortung zurück. Ich musste für mein eigenes Handeln einstehen. Kein anderer als ich selbst war für meine Tat verantwortlich. Es gab keinen Ausweg. Und ich kam erst gar nicht auf die Idee, einen Schuldbubi woanders zu suchen und es von mir zu weisen. Nein, ich selbst war es gewesen! Mama gab mir die Möglichkeit, es zu korrigieren, und sie machte danach keine große Welle daraus. Das war eine Sache, bei der nur wir zwei dabei waren. Sie verzieh mir mein Verhalten und hat mir diese Erfahrung nie wieder aufs Brot geschmiert. Sie schenkte mir diese Erfahrung und ließ mich daran wachsen. Bewundernswert war, wie gelassen meine Mutter damals reagierte. Ob sie sich insgeheim ein Grinsen verkniff? Ich glaube, dass es für Eltern herausfordernd sein kann, im richtigen Moment ernst zu bleiben, damit es seine Wirkung nicht verfehlt.

Gab es noch andere Momente in meinem Leben, bei denen ich mich für meine Tat schämte? Oh ja, die gab es durchaus und ich habe sie mir bewusst gemacht und erkannt. Ich habe mich entschuldigt, mich erklärt, es mir selbst eingestanden und für mein vergangenes Verhalten vergeben. Nur so konnte sich die Scham in mir auflösen.

Der Blickkontakt mit meinem Gegenüber macht mich jedenfalls verlegen. Gott, ist mir warm! Es ist, als bitzelte plötzlich jede Sommersprosse einzeln in meinem Gesicht. Aber der hat sich ja schließlich auch umgeschaut! *»Also, Ruthi, wer ist hier besser oder schlechter von euch beiden?«* Mmmh, ich glaube: keiner! Meine Augen schließen sich wieder und ich schnaube still. Für heute schaue ich mich wohl besser nicht mehr um.

Es ist ruhig um mich herum. Dann steigt auch schon die nächste Frage in mir hoch: Solltest du nicht nichtdenken? Das ist doch die Aufgabe, oder? Welche Stimme ist es jetzt, die mich da bedrängt? Ich merke, wie kolossal schwer mir das Nicht-Denken fällt. Mein Kopf kommt nicht wirklich zur Ruhe. Äußerliche Stille herrscht ja schon. Es ist erstaunlich, wie geräuschlos ein Saal mit einhundertzwanzig Personen sein kann. Ich versuche, mich zu entspannen, aber es klappt einfach nicht. Und dieses Sitzen! Wie sitze ich eigentlich am besten? Ein Teil meiner inneren Quasselhorde macht auch schon weiter: Rücken an Ruth, Knie an Ruth, wir sind noch da! Wir wollten dir nur mal kurz Bescheid geben. Ja, schon gut, ich spüre euch. Beide kann ich gerade noch im Zaum halten. Alter Schwede, das kann ja echt heiter werden! *»Nein, wie gesagt, das ist es schon!«*

Gabis erster Klack erlöst uns und unsere anscheinend eingerosteten Glieder. Sag mal, wofür mache ich denn Yoga und Gerätetraining im Fitness-Studio? Stirnrunzeln. *»Naja, also, wenn du jetzt ehrlich mit dir selbst bist, dann weißt du, dass du die letzte Zeit beides hast arg schleifen lassen.«* Wo sind nur die jetzt herbeigewünschten Rückenmuskeln geblieben? *»Irgendwo auf der Strecke zwischen hier und anderen*

Stolpersteinen, die wichtige Erfahrungen für dich bergen?« Schnaufend stehe ich auf, recke und strecke mich und entklappe langsam meine Körperabschnitte.

Dieser Inspector Gadget, also der aus dieser französischen Zeichentrickserie, der hat es einfach: Arme aus- und einfahren. Beine verlängern und automatisch wieder verkürzen. Der kann sich selbst größer und kleiner machen. Genau so, wie er will und es in dem Moment braucht, um ans Ziel zu kommen oder zum Beispiel eine knifflige Situation zu lösen. Der hat auch immer so viel technischen Schnickschnack bei sich. Bei ihm geht alles leicht und schnell. Das sieht nie so aus, als täte ihm dabei etwas weh. Der ist einfach genial und gewitzt.

Witzig ist hier aber gerade gar nichts! Und geschmeidig sieht erst recht anders aus. In mir dudelt noch die Melodie dieser Kinderserie aus unseren Urlauben nach und lenkt mich ab, bevor ich den Schmerz wieder spüre. Aua, das tut weh! Meine Sehnen, Bänder und Muskeln meckern und kommen nur langsam wieder in Schwung. Leider haben wir nur eine kurze Verschnaufpause mit der nun folgenden, etwa zehnminütigen Geh-Meditation, *Kinhin.* Zeitgefühl? Ich verliere es hier schneller als gedacht.

Klack. Der Startschuss zum ersten Kinhin ist also gesetzt. Der Trupp zieht los. Langsam. Kein Galopp, kein Traben. Einfach langsam. Wir gehen im Uhrzeigersinn durch den Raum. Ich besinne mich zurück an meine ersten Zen-Erfahrungen von vor sechs Jahren im buddhistischen Kloster. Damals musste ich grinsen, heute nicht mehr. Zugegebenermaßen sieht es immer noch komisch aus, wenn so viele lahme Esel und Eselinnen gleichzeitig und auf den Boden blickend jeden Schritt bewusst erleben. Jedes Knie-Anwinkeln, jede Vorwärtsbewegung eines einzelnen Schritts im Hier und Jetzt im Zeitlupenmodus achtsam spüren. Ein kurzer Filmausschnitt mit einhundertzwanzig Inspectoren Gadget in einer Reihe durchfliegt mein Gehirn, als es aus mir heraus auch schon zu schimpfen beginnt, denn ›Überholen gildet nicht‹! Das ist eine der Regeln dieses Kinhin. Maaann, ist der langsam vor mir! Kann der nicht ein bisschen schneller gehen? Ich ertappe mich selbst bei diesem Hauch von Blitzgedanken meiner Zen-Anfänger-Birne, unterdrücke in der nächsten Sekunde ein Giggeln und lege die ablenkende Stimme in mir beiseite. Ich folge meinen eigenen Schritten und meiner eigenen Geschwindigkeit. *»Was genau ist dir da gerade bewusst geworden?«* Ja, ich mache mich nicht von der Geschwindigkeit der anderen abhängig! Oh ha, das habe ich doch wohl das eine oder andere Mal in der Vergangenheit getan. Ich wollte mich anpassen und mithalten. Warum nur? Wollte ich gefallen? Mir selbst oder anderen? Oder gar meinem Ego? Ich steckte mir selbst sogar noch höhere Ziele und schaffte es schließlich nicht, mein eigenes, mir auferlegtes und vielleicht auch unbewusst von anderen übernommenes Tempo durchzuhalten. So hatte doch spätestens mein Burnout etwas Positives: Denn ich wurde mit einem Schlag schmerzhaft ausgebremst. Ich blieb stehen. Ich begann damals, das eine oder andere in meinem Leben zu hinterfragen.

Innerlich wie äußerlich. Auch Menschen aus dieser Zeit begleiten mich heute nicht mehr. Nachdem mir das bewusst geworden war, wer mir nicht gut tat, veränderte sich mein Umfeld. Nein, ich war es gewesen, die mein Umfeld veränderte! *»Gut so, Ruth, zurück ins Hier! Bleibe bei dir selbst. Konzentriere dich weiter auf jeden Schritt, auf jede Teilbewegung deines Schritts. Und zwar egal wie lustig oder urkomisch das möglicherweise aussieht, was du da machst.«* Ich weiß und pflichte bei. Im Moment interessiert es keinen, wie ich mich hier anstelle. *»Richtig! Komm heraus und lass dich weiter aus deiner Beurteilungshöhle locken und betrachte dich dabei genau. Prima machst du das!«* Ich erkenne und bin irgendwie gerade stolz auf mich, sehr zufrieden sogar. Klar habe ich eben meinen eigenen Bewerter in mir wiedererkannt. Ist der eigentlich Teil meines Egos?

GUTEN TAG, FRAU BÄR!

Meine Mutter schickt mich her,
ob der Kaffee fertig wär'.
Nein, mein Kind, du musst noch warten,
geh ein Weilchen in den Garten.
Um halb zwei, um halb drei,
wird der Kaffee fertig sein.

Gabis Klack gibt uns den Impuls, ab jetzt im normalen Schritt zu unserem Platz zurückzulaufen. Ich schaue auf. Auf dem Rückweg erhaschen meine Augen den Vorraum des Zendo. Zwei beeindruckende Gongs sind hier aufgestellt. Ein großer schwarz-goldener und ein kleinerer messingfarbener. Rechter Hand dieser metallischen, edlen Scheiben hängen jeweils die dazugehörigen Plüsch-Schlägel. Zwischen den beiden Gongs befindet sich ein Holzbänkchen, auf dem auch eine brennende Kerze, eine Sandschale, eine frische Blume und ein postkartengroßes Bild liebevoll platziert sind. Was da wohl drauf ist? Ich kann es im Vorbeigehen nicht erkennen. Jedenfalls wirkt das darüber hängende, große blaue Wandmotiv beruhigend auf mich. Es ist wie ein Blick ins Universum. *»In dein eigenes Universum?«*

Jeder wartet, bis der andere wieder vor seiner Sitzmatte steht. Meine erste Geh-Meditation ist also gemeistert. Lobt mich jetzt jemand? Es ist, als würden meine Adleraugen nach Aufmerksamkeit von außen suchen. Doch kein spiegelnder Blick trifft mich. *»Nein!«* Hui, diese Antwort kam ja prompt und ehrlich. Fast schonungslos und unerwartet hart erwischt sie mich. Ich schlucke schwer. Dann lobe ich mich eben selbst für diese Leistung: Ich finde, ich habe das toll gemacht. Jawohl! Für mich und auch für die anderen. Der nächste innere Alarm erklingt. *»Falsch Ruth! Du hast es einzig und allein für dich selbst und keinen anderen gemacht. Warum brauchst du immer Lob? Gefall dir doch einfach selbst. Und beziehe deine Bestätigung und Wertschätzung für dein Wesen nicht von anderen. Mache dich nicht vom Lob der anderen abhängig! So, wie du bist, bist du liebenswürdig und einfach klasse – ohne Gedanken, Signale und Impulse von außen.«* Äh – ja – okay! Ich schlucke erneut, diesmal schmerzhafter, denn ich habe das Gefühl, einen plötzlich schweren und unverrückbaren Kloß in meinem Hals kleben zu haben. Diese Worte dringen tief in mich ein. Sie hören und fühlen sich irgendwie stimmig an. Etwas in mir beginnt zu wackeln und zu bibbern und ich bekomme den Eindruck, dass dies nur der Anfang einer wichtigen Erkenntnis ist.

Gabi und Lars, die Assistenten dieses Sesshin, haben es übrigens in der Hand: Sie geben Ton und Zeit an. Die beiden sitzen federführend in der Ecke nahe dem Ausgang. Rechts vor Gabi steht diese schwarze große Klangschale, gebettet auf einem rauten-gemusterten, gelbgrünen Kissen. Der dazugehörige Klöppel und die lautlose Stoppuhr mit Blinkfunktion liegen in greifbarer Nähe. Lars sitzt direkt neben ihr.

Meine Augen sind wieder geschlossen. Zazen im Sitzen. Irgendwann höre ich Socken auf dem Parkettboden tappen. Vermutlich ist es Lars, der die beiden Schwenktüren öffnet und in den Vorraum geht. Aha! Die Tagesabschlusszeremonie beginnt also.

Zunächst nehme ich mehrere Schläge auf einem Holzbrett wahr. Danach startet etwas, das ich total abgefahren finde. Ab sofort und immer wieder gerne! Kann ich das bitte jeden Tag und so oft wie möglich haben? Lars beginnt, anscheinend mit einem Schlägel, den großen Super-Gong achtsam zu berühren. Er baut es im Außen auf und zugleich merke ich, was sich dabei in meinem Inneren tut. In meinen Ohren, nein, im gesamten Körper. Ich kriege Gänsehaut und meine Nackenhaare stellen sich auf. Zunächst langsam, leise und ganz sanft, doch dann nehmen beide Intensitäten zu: die Vibration in der Luft und jetzt an und in meinen gesamten Gliedmaßen. Und dieser Ton! Der entstehende Schall beamt mich fast weg. Er durchflutet gefühlt jede Zelle meines Körpers. Wow! Mehr, bitte! Mein Körper will eindeutig an dieser Wellness-Einheit von Gefühl festhalten. Es ist, als würde die Schallwelle den kompletten Zendo einmal durchspülen und jede noch so verschlafene Ecke in und um uns wieder wachrütteln. Jeden noch so abgedrifteten Gedanken wieder einsammeln oder doch loslassen und ins Hier und Jetzt zurückstupsen. Gespürte Zell- und Raum-Reinigung. Das ist echt genial! Lars tritt danach in die Mitte des Zendo. Er gibt uns allen noch eine Gedichtzeile und damit einen Gedanken für die Nacht mit. Ein Betthupferl für jeden Teilnehmer, der gerne sinniert. Alles ist ›Kann‹, nichts ist ›Muss‹.

Ein letzter Klack ist im nächsten Moment das Signal für unseren Gassho, dem Auf- und Zusammenräumen der Utensilien auf unserer Matte und zum Verlassen des Saals. Ich blicke zu Manuel hinüber, denn so heißt – laut Namensschild – mein Sitznachbar. Er legt seine Decke sorgfältig zusammen, klopft sein Kissen auf und platziert es wieder mittig. Danach streicht er die Decke und die Sitzmatte glatt. Er grinst mich an und ich lächle zurück. Ich bin abgelenkt und werde zu mir zurückgeworfen. *»Ruth, kümmere dich jetzt erst einmal um deinen eigenen korrekten Sitzplatz!«* Ja doch! Ich weiß, erst die Arbeit, dann das Vergnügen! So gleite ich durch den Zendo und halte Ausschau, ob mich nicht doch noch von irgendwoher ein Namensschild vor meinem neuen Zazen-Zuhause anzwinkert. Mein Blick bleibt an meiner Buchstabenfolge hängen. *»Sieh mal!«* Vor einer noch leeren Bodensitzmatte unweit der drei Kursleiter steht dick und fett mein Name drauf. Einverstanden! Ich nicke und bereite weiterhin schweigend nun meinen rechtmäßigen Sitzplatz mit Decke und Kissen für den nächsten Morgen vor. Mit Gassho verlasse ich anschließend den Saal.

Das an der Vase lehnende, kleine Bild auf diesem Holzbänkchen schaue ich mir jetzt genauer an. Es stellt Jesus und Buddha dar, die sich gegenseitig umarmen. Ein tiefer Atemzug befreit mich gerade förmlich. Mir stehen die Tränen in den Augen. Ja, das ist es! Das ist es, warum es mich hierher verschlagen hat. Mein Herz tanzt und mein Bauch macht Freudensprünge. Genau hier bin ich richtig! Deswegen fühle ich mich auch so wohl. An diesem Ort dürfen sich Religionen vereinen, müssen es aber nicht. Es ist alles frei. Jeder ist hier frei. Jeder Gedanke ist hier erlaubt. Kein Zwang, der unter irgendeinem Schirm von Konfessionen auferlegt wird. Das ist voll mein Ding! Wo in meinem Leben gibt oder gab es einen Moment, in dem ich mich nicht richtig gefühlt habe? *»Es sind mehrere, Schätzelein!«* Oh ja! Ich schlucke wieder und es ist, als fühlte ich eine alte Erinnerung in mir hochsteigen.

Ich spüre das Gefühl der Erleichterung und des Halts und meine Eltern umarmen mich einen Moment länger als sonst. Die Passanten und Lautsprecherdurchsagen der Flughafenhalle kriege ich gar nicht mit. Es herrscht Stille in und um uns herum, in der wir drei versunken sind. Ich bin sechzehn Jahre alt und habe soeben drei Wochen bei meiner Großmutter in Israel verbracht. Es war eindeutig nicht einfach und ebenso eindeutig ein falscher Film für mich gewesen. Drei lange Wochen befand ich mich im Dunst ihrer Launenhaftigkeit gespickt mit all diesen Vorwürfen. Aus Zeiten, in denen ich noch nicht einmal geboren war. Beschuldigungen, die ich nicht verstand und für die ich doch nichts konnte. Angebliche Ereignisse aus der Vergangenheit, von denen ich überhaupt nichts wusste. Ich habe nicht wirklich verstanden, was da alles passiert war und warum sie sich mir gegenüber so verhalten hatte. Ich spüre nur diese unglaubliche Liebe meiner Eltern. Ich spüre mein Zuhause, jetzt, wo sie mich wieder in ihren Armen halten.

Den langen Brief, in dem ich mir bei diesem Aufenthalt meinen gesamten Schmerz und die Erfahrung mit meiner Oma von der Seele geschrieben und meinen Eltern geschickt hatte, gibt es heute nicht mehr. Ich selbst vernichtete ihn Jahre nach dieser Reise. Er ist fast vergessen. Jedenfalls habe ich Oma seit längerem schon verziehen. Es passierte in dem Moment, als ich sie und ihre Art verstand. Als ich die Zusammenhänge kapierte. Eltern wollen das Beste für ihre Kinder. Aber sie können für sie nicht alles im Leben kontrollieren und lenken. Sie müssen loslassen, irgendwann, die Kinder in ihr Leben gehen, ihre eigenen Erfahrungen sammeln und auch mal stolpern lassen. Kinder werden geschenkt. Ein und dieselbe Erfahrung wird ein Kind mit Sicherheit anders erleben als sein Elternteil. Auch meine Großmutter wollte eigentlich nur das Beste für mich und mich aus ihrer Erfahrung heraus vor Leid bewahren. Leid, das sie irgendwann einmal durchlebt und das tiefe Spuren in ihr hinterlassen hatte. Ja, Oma musste als junge Frau, noch bevor der Krieg so richtig losging, plötzlich ihre Heimat – Deutschland – verlassen. Sie nahm dafür eine lange Reise nach Palästina auf sich und rettete damit ihr Leben. Von jetzt auf gleich ließ sie ihre Eltern, geliebte Menschen und ihre gewohnte Umgebung zurück. Sie musste ab diesem Moment alleine in der Welt klarkommen. Auf sich selbst gestellt. Vielleicht musste sie viel früher, als ihr lieb war, erwachsen werden. Und diese Erfahrung mit den Ängsten und dem Schmerz, der damit einhergegangen war, hatte sie geprägt. So etwas wollte sie sicherlich nie wieder erleben. Hinter allem steht die Liebe und so war es ihre eigene Art, sie mir gegenüber zu zeigen und auszudrücken. Sie wollte doch nur, dass es mir gut ging. All das ist mir heute bewusster denn je. Danke, Oma Bär, für diese Erfahrung und die Zeit mit dir.

Es ist, als wäre eben in mir eine Art Startschuss mit dieser stillen Erinnerung gesetzt worden. Durch das erneute Bewusstmachen öffnet sich etwas Weiteres in mir, als wären es kleine Schuppen, die mir von den Augen fielen. Etwas, das ich endlich hinter mir und zufrieden zurücklasse. Dennoch kann ich die Dimension dieses Gefühls gerade noch nicht vollends begreifen.

Ich verlasse den Zendo-Vorraum und gehe auf unser Zimmer. Angela ist auch schon da. Wir schweigen. Kein Austausch mehr von aufmunternden oder auf-, be- oder entwertenden Blicken. Es ist zwanzig nach neun. *»Licht aus!«* Ich weiß: kein Gutenachtkuss, kein Gutenachtlied und auch kein verbales ›Gute Nacht!‹ von außen. *»Morgen früh um fünf ist die Nacht vorbei.«* Ich stelle mir noch meinen Wecker. Meine Freunde Ohropax sind sachgerecht für den Fall eingelegt, dass Angela vorhat, den umliegenden Wald abzusägen. Gute Nacht, du Welt da draußen und da drinnen. *»Ja, gute Nacht, Ruthi!«*

ES TANZT EIN BI-BA-BUTZEMANN

In unser'm Haus herum, fidibum.
Er rüttelt sich, er schüttelt sich,
er wirft sein Säcklein hinter sich.

– Tag 2 –

Ich komme kaum in die Tiefschlafphase hinein. Es ist, als würde mein Ego, mein Unterbewusstsein wiederholt auf mich aufpassen wollen. Vorsicht! Unbekannte Gefahr von außen. Sei wachsam! – Schöne Bescherung! Jedenfalls sind wir die ganze Nacht wachsam und im Verteidigungsmodus. Na prima! Erst viel später merke ich, dass dies alles ein Säckchen mit wunderbaren Inhalten und zugleich ein Geschenk an mich selbst wird.

Im Moment jedoch fühle ich mich mehr als gerädert, als Lars' hölzerner Wecker meine Kuschelzeit beendet. Er steht irgendwo zentral, vielleicht unten vorm Zendo, wo er die dumpfen, dunklen, schnell aufeinander folgenden Töne anschlägt. Holz auf Holz. Selbst durch die Schalldämmung in meinen Ohren gelangen diese Noten zu meinen Gehirnzellen. *»Aufstehen, Ruth, die Nacht ist vorbei! Raus aus den Federn!«* Ich rebelliere. Geht's noch ganz knusper? Ich glaube, es hakt! Wir haben erst fünf Uhr! Ich merke, dass mir mein Gemeckere jetzt nicht weiterhilft. *»Du bist hier und hast dich für diese Regeln entschieden. Glaube mir, es wird dir gut tun.«*

Ich schüttle mich bestmöglich wach und watschle als Erste ins Bad. Zähneputzen und Mini-Wäsche. Der kurze

Blick in den Spiegel bestätigt mir und meinem Ego, dass ich eindeutig bescheiden aussehe. Wer bist du? Bist du etwa der Butzemann? Nein, ich lobe ihn jetzt keinesfalls für seine nächtliche Aufpasser-Rolle! Ganz im Gegenteil. Nicht gut gemacht! Ich glaube, ich und du dürfen einfach mal mehr vertrauen, Ego!

Zwiebelmäßig ziehe ich mich an, als es mich wieder von irgendwoher noch energischer antreibt. Los! Fünf vor, vergiss es nicht! Ich befolge Ramonas Tipp von gestern Abend, mit dem Schlüssel von außen das Schloss der Zimmertür leise zu schließen, damit es so früh morgendlich nicht durch die gesamte Etage hallt. Angela geht nach mir ins Bad.

Ich schreite langsam und bewusst durch den blau schimmernden Flur des dritten Stocks. Hier ist jeder Flur in einer anderen Farbe ausgeleuchtet. Ich mag's ja bunt. *»Stimmt, du bist farbenfroh! Aber wenn es dir zu bunt wird, ziehst du dich auch gerne schon mal zurück.«* Das ist aber gerade nicht der Fall, sondern ganz das Gegenteil. Also gehe ich voran und hinunter. Wo ich b i n , ist v o r n e ! Wie bitte? Was hat es da in mir gedacht? *»Liebes, bleibe unverändert bei dir, in deinem Tempo. Kümmere dich nicht um die anderen, sondern gefalle nur dir selbst! Kein Guten-Morgen-Nicken, Guten-Morgen-Anschweigen, erst recht kein -Sagen.«* Okay, einverstanden. Guten Morgen! *»Guten Morgen, Ruth.«* Aber, was war das soeben, was in mir hochsprudelte? Ich erhalte keine weitere Antwort.

Wir sollen viel trinken, hat Siggi gesagt. Gemeinsam mit den anderen morgendlichen Schlafwandlern pilgere ich in den Speisesaal und genehmige mir zwei Tassen des lauwarmen Kräutertees. Ich trinke bewusst. Schluck für Schluck. Und starre vor Müdigkeit in die Müdigkeit hinein. *»Es ist tatsächlich zunächst nur ein Gedanke.«* Meinst du etwa den, dass ich müde bin? *»Ja, lege ihn beiseite und ab mit dir ins Vergnügen!«* Mmmh, aber ich spüre sie doch und das nicht nur in meinem Kopf, oder? Erneut keine Antwort.

Um Punkt ›fünf vor‹ bin ich also auf dem gepflasterten breiten Weg, der den Brunnen umsäumt. Ich reihe mich in den beginnenden tanzenden Strudel ein. Im Gegensatz zum langsamen Kinhin im Zendo dürfen wir hier überholen und unsere eigene Geschwindigkeit wählen. Wir gehen, wie vorgegeben, auch hier im Uhrzeigersinn. Es klackt, aber wir schreiten alle weiter. Denn das war nur Gabis Startsignal. Ich gehe bewusst, wie wir es gelernt haben, mit begleitender Armbewegung, ähnlich zweier pendelnder Glocken. Ja, *un petit peu* bescheuert sieht das schon aus, leiert es mit französischem Akzent aus mir daher. Dann ein englischer Akzent: ein bisschen mehr Hüftbewegung bitte! Waaas? Ja, die Handtasche muss leben! Sag mal, geht's noch? In welchem Film befinde ich mich denn jetzt schon wieder? Nein, hier ist kein Laufsteg, auf dem ich gut aussehen muss. Ich gehe, wie ich will, verstanden? Etwas in mir verstummt plötzlich und ich merke, dass es gerade keinen stört, am wenigsten mich, wie wir uns bewegen. Denn es sieht bei uns allen in etwa gleich aus: Gleich bescheuert, gleich wackelnd, gleich komisch, gleich normal! Mein Blick ist mehr oder minder auf den Boden vor mir gesenkt. Ich gehe. Jeden

Schritt einzeln. Bewusst und schnell. Schon sprudeln aus mir die nächsten Fragen meines virtuellen Verurteiler-Katalogs hervor. Was machst du hier eigentlich? Wir haben halb sechs und du bist Teil einer schweigend schreitenden Menschen-Spirale. Ist das hier so etwas wie ›Tanz-deinen-Namen‹? Wem willst du etwas beweisen? Mein Ego gibt mir soeben einen kleinen Impulsvortrag. Es drückt meinen Wut-Knopf und ich führe die Leier in seinem Auftrag ungefiltert fort: du, da vor mir! Kannst du nicht weiter innen gehen? So, wie Lars es uns allen erklärt hat? Die Langsamen innen, die Schnellen außen? Ist doch eigentlich ganz einfach. Du hast wohl nicht zugehört, was? Menschenskinder! Ich fluche schweigend und schreite voran. Ich gehe ganz außen, sehr zügig, dann bin ich gut. *»Stop! Dann bist du gut? Denk nochmal darüber nach!«* Puh, das schon wieder. Aber ich bin viel zu müde, um jetzt festzustellen, woher diese Gedankenfetzen geflogen kommen. Stattdessen werde ich noch wütender. Außerdem haben wir gefühlte vier Grad Celsius hier draußen. Lass mich. Lass mich meinen Kreislauf in Schwung bringen, dann wird mir wärmer. Und das ist nicht nur ein Gedanke, das weiß ich und ich glaube daran! *»Ich hindere dich nicht. Aber beobachte dich einfach.«* Doch in der nächsten Sekunde befinde ich mich wieder in meinem eigenen Krimi. Hey, schon wieder ein Sonntagsfahrer auf der linken Spur! Ich werde ausgebremst und schüttle den Kopf. Das gibt's doch gar nicht! Ich entscheide mich für einen Überholvorgang auf der rechten Seite meines dämlichen Verkehrshindernisses. *»Du hast immer die Wahl,*

Ruthi.« Was? Ach so, ja, ich wähle. Ich wähle und nenne ihn vor mir ›Schnarchkröte‹! Ist das hier so erlaubt? Ich halte mich an die Regeln. Warum du denn nicht? Oder was ist hier die Regel? Nur ein Gedanke? Wer bestimmt über diesen Gedanken und über diese Regel? Ich selbst? Ist das ein bewusstes Verhalten von dir, du blöder Kriecheumel? Ich fange innerlich zu kochen an. Mir wird es eindeutig wärmer. *»Bleibe bei dir. Es reicht, wenn du für dich deine eigene Bewusstheit findest. Jeder für sich. Jeder mit seinem eigenen Material. Du weißt doch, jeder in seinem Tempo, egal, ob auf rechter, mittiger oder linker Spur.«* Ich gehe schnell, mal bewusster, mal unbewusster. Macht Ego mich eigentlich so wütend? Die Wut scheint mir Kraft zu geben, sie lenkt mich aber auch irgendwie ab. Von mir selbst? Doch dann nehme ich plötzlich das Vogelgezwitscher im Hintergrund wahr. Apropos! Zwitschern – Ablenkung. Frühlingsgefühle? Ich schaue mich um und schweife bewusst von dem Eiertanz hier ab. Okay, da vor mir befindet sich ein ganz lecker anzuschauender Knackpo. Der Typ ist groß, scheint sportlich, dunkle Haare. Das ist genau mein Fall! Mein Blick wandert zu seiner linken Hand. *»Ruth, der ist verheiratet!«* Ach Mist! Meine Augen durchforsten die Welt der mich passierenden Hinterteile. Oooh, ein weiteres potenzielles Objekt der Begierde. Der sieht ja mal sehr nett aus. Also wirklich ›nett‹, die weibliche und nicht die männliche Schwiegermutter-Interpretation dieses Worts. Ein metallisches Funkeln durchfährt auch hier meinen Moment. *»Auch der ist es nicht!«* Stimmt, auch er ist gebunden. Als hätte der Wut-Funken in mir doch etwas erreicht, werde ich mit einem Mal von mir selbst seitlich an beiden Oberarmen gepackt und durchgerüttelt. *»Ruth, was machst du hier eigentlich gerade? Wofür bist du hier? Erinnere dich!«* Diese innere Stimme. Eine wirkliche Freundin? Vielleicht eine Schwester meines Egos? Es stimmt, dafür bin ich nicht hier! *»Nochmal: Bleibe bei dir, gehe in die Übung – so wie Siggi, Ramona und Martin. Lass dich nicht ablenken!«* Ja, aber, das ist so schwierig, wenn ich wütend bin. *»Ich weiß, aber lass es in kleinen Schritten zu!«*

So langsam wird es draußen heller. Auch in mir? Ich weiß es nicht. Ich gehe. Schnaufend. Im Kreis. Wo ist hier eigentlich das Ende, der Zieleinlauf, den es zu erreichen gilt? Dort, wo man von den Zuschauern beklatscht und bejubelt wird? *»Es gibt keinen! Für dich also nochmal in Druckbuchstaben: Du machst das nur für dich selbst. Für dein Innerstes. Und am wenigsten für dein Ego, das am Ende ein Leckerli als Belohnung haben möchte. Bleibe im Jetzt!«* Ich schlucke und merke, wie es mich irgendwo in meinen Eingeweiden erschüttert. Bin ich denn überhaupt schon bereit, mich damit zu befassen? *»Ja, du bist es, und zwar bereits mittendrin.«* Die zwanzig Minuten dieses ersten schnellen Kinhin vergehen wie im Flug. Unser Freund Klack durchbricht dieses Gedanken- und Gefühle-Skelett in mir. Die Spiralen-Gemeinschaft bleibt stehen und hält nochmals bewusst inne. Sie spürt dem Fluss dieses Wirbels nach. Ich b i n H e r z k l o p f e n und mir ist eindeutig warm geworden. Die frische Luft durchflutet meine beiden Lungenflügel. Mein Gesicht fühlt sich äußerlich kalt, aber innerlich glühend an. Es ist ein tolles Gefühl. Der nächste Klack erlaubt es jedem, sich zurück- und umzuziehen. Ich darf meine Schichten wieder ablegen. *»Oder meinst du etwa weiter abschütteln?«*

Meditationsfertig begeben wir uns wieder zum Zendo. Fünf vor. Punktlandung! Und ich bin einigermaßen wach.

ES TÖNEN DIE LIEDER

Der Frühling kehrt wieder,
es spielet der Hirte
auf seiner Schalmei.

Ich mache einen Gassho vor meinem Sitzplatz und einen in Richtung Gruppe, so, wie ich es mittlerweile gelernt habe. Alle Gemeinschaftsmitglieder haben sich pünktlich auf ihren Kissen eingefunden. Lars erklärt, dass wir nun mit den Tönen ›A‹, ›O‹ und ›M‹ singen oder, besser gesagt, eben tönen. Ich warte noch, bevor ich alleine in die Runde losträllere. *»Musst du immer die Erste sein? Musst du immer vorne stehen?«* Ich überlege. Ja, in mir gibt es oftmals einen Drang, die Erste sein zu wollen. Aber woher rührt das? Jedenfalls ist es gut, dass ich innehalte, denn Gabi schlägt zunächst dreimal sanft die Klangschale. Dann legen wir alle los. Ich hole tief Luft: »AAAAAAA«. Ich singe tatsächlich und lausche zugleich. Das ist ja irre! Der gesamte Zendo scheint unter diesen Tönen zu vibrieren, die sich in der Luft treffen, sich High-Five – Fünfe – geben und zusammen wie das Ergebnis eines professionellen Chors klingen. So viele Soprane und Tenöre auf einem Fleck. Das macht Spaß. Ich setze erneut an. Diesmal kommt der Ton noch klarer und kräftiger aus mir heraus. Merklich werde ich dadurch noch wacher. Mir wird sogar wieder wärmer. Das gerade bringt richtig Dampf in mich als sitzenden Kessel hinein, als würde mein ganzer Körper, nein sogar jede einzelne Zelle zum frühen Morgen extra begrüßt. »AAAAAAA.« Doch anstatt einfach weiterzutönen und vielleicht auch den Moment weiter zu genießen, beginnt wieder meine Denkfabrik: Also, soll ich jetzt eigentlich solange ›A‹ singen, bis dann ein ›O‹ und danach ein ›M‹ von mir oder den anderen gesungen wird? Oder singen uns Gabi und Lars das vor? Oder soll ich selbst wählen und bestimmen, wann ich zum ›O‹ oder ›M‹ übergehe? Soll ich heller oder dunkler trällern? *»Ruth, sing einfach! Mach nur! Entscheide du. Töne mit, egal wie. Das ist die Aufgabe!«* Mmmh, okay. Danke. Der Singsang der anderen um mich herum dringt wieder in meine Wahrnehmung. Vor lauter Denken ist viel Zeit vergangen. Rasch wähle ich unverändert Tor »AAAAAAA«, wie das Tor aus dem Quizspiel ›Geh aufs Ganze!‹ damals bei SAT1. Ach, ist das nicht mittlerweile schon wieder neu aufgelegt worden? Wirklich ›A‹ oder waren die drei Tore doch nummeriert? Wie bei Michael Schanze und seiner Sendung ›1, 2 oder 3‹? Plötzlich höre ich ein »OOOOOOO« von nebenan. Von dort hinten kommt ein »MMMMMMM«. Bin ich möglicherweise eine der wenigen, vielleicht sogar die Einzige, die heute früh das ›O‹ und ›M‹ aus Zeitgründen ausgelassen hat? *»War das so überhaupt die Aufgabe?«* Wieso? Ach, du meinst, etwa alles in einem durchzusingen, praktisch wie ›AAA-OOO-MMM‹? *»Vielleicht!«* Mmmh, das ist ja doof. Vielleicht war das ja doch der ›Zonk‹ aus Tor 2? *»Nein, Liebelein, es war alles gut so. Ein anderes Tor wird doch für dich aufgehen, ein anderer Gewinn wird zu dir kommen. Vertraue.«* Anfängerglück. Und Unwissenheit. Die Neue halt! Immerhin kann ich über mich selbst schmunzeln.

Es beginnt nun die erste Vierziger-Runde des Tages. Vierzig Minuten Stillsitzen. Keinen Mucks von sich geben, bei sich bleiben. Atmen und sich nullkommanix bewegen.

Siggi erläutert uns übrigens in diesen Tagen drei Möglichkeiten zum Meditieren: entweder durch Konzentration auf den Atem, sprich: einatmen – ausatmen. Oder durch Fokus auf einen selbstgewählten inneren Ton, ein Mantra, ein Wort, eine Text-, vielleicht auch Gebetszeile, die nur ich still hören kann und die mich innerlich begleitet. Oder ich lausche der Stille in und um mich und wiederum in die Stille um die Stille herum hinein. *»Also praktisch: um Ruths Ulm, um Ulm herum und in Um-Ulm hinein.«* Ja, genau! Ich teste und merke, dass Version Drei gar nicht geht. Mein Tinnitus! Wie lange eigentlich noch? Da ist sie wieder, diese Frage. Soll ich bewusst in ihn hinein- und ihm zuhören oder mich doch besser auf die Atmung oder ein inneres Wort konzentrieren? Fast werde ich erneut wütend, diesmal über das Dauer-Gepiepse in meinem Ohr. Ich teste, folge intuitiv und erspüre es förmlich. Dann entscheide ich mich für die jetzt richtige Version: Numero Uno. Denn genau denselben Ratschlag werde ich einen Tag später von Ramona auf mein Hilfegesuch erhalten: Ich richte mein Inneres auf einen Fokus aus, in diesem Fall: auf den Atem.

Einatmen – ausatmen. Die ersten vierzig Minuten sind gleich geschafft. Mein Ego schiebt erneut meine Knie vor. Hallo? Wir sind immer noch da! *»Ablenkung durch Schmerz?«* Ich öffne die Augen, atme ein, halte dann einen kurzen Moment inne. Für eine Hundertstelsekunde realisiere ich sogar irgendwo in mir, dass meine innere Freundin mir gerade eine Frage gestellt hat. Doch gibt es etwas Anderes, was mit dem nächsten Ausatmen aus mir heraus möchte. Dieses Kniestechen. Denn ich kontere augenblicklich und durchaus gepfeffert meiner eigenen Kontroll- und Steuerungszentrale zurück. Du kannst dir diese Schmerz-Meldung jetzt mal sonst wo hinstecken, verstanden? Hör auf! Ich versuche bei meiner Atmung zu bleiben. Einatmen – ausatmen. Hui, es gelingt mir danach sogar einigermaßen gut.

Gabi erlöst uns endlich. Ein erneuter Kinhin folgt. Wieder im Uhrzeitsinn? Wieder rechtsdrehend? Klar! Sind Joghurtkulturen eigentlich auch rechtsdrehend? Oder gibt es auch linksdrehende? *»Herr im Himmel, ist das jetzt wichtig?«* Ich zucke kurz zusammen. Wie auch immer. Ich beginne zu gehen. Erster Schritt, zweiter Schritt. Meine Blase drückt. Oh Mann, Ego, du tust wirklich alles, um mich von der Sache abzubringen, was? Was hat Lars noch gesagt? Dürfen wir jetzt hinausgehen und uns entleeren? Die Antwort hierzu kommt prompt, denn es beginnt eine hörbare Meditationssocken-Wanderung um mich herum. Ich entscheide, mich ihr anzuschließen. Wir verlassen den Saal und kommen kurze Zeit später entledigt zurück. Nachdem wir uns vor der Gemeinschaft verbeugt und die richtige Lücke in unserer Reihe abgepasst haben, ordnen wir uns wieder in die Schnecken-Kolonne ein. Ich merke, wie leicht mir im Verhältnis die Geh-Meditation gerade fällt. Sofort wird mein innerer Antreiber hellhörig.

Stimmt, das kann ich noch besser! Höher – und weiter, wenn schon nicht schneller. Da geht noch was! Ich lasse mich bewusst auf diesen Impuls ein, lasse mich verlocken und entscheide sogar als Krönung, beim Gehen die Augen zu schließen. Ich probiere mich aus und zwar so, wie ich es bei einem anderen Teilnehmer schon entdeckt hatte. Recht schnell merke ich jedoch, wie ich zu wackeln beginne. Ich verliere mein Gleichgewicht und werde wieder wütend. Ego, das war eine saublöde Idee! Von mir? Wer hat hier denn entschieden?, kriege ich knallhart gekontert. Ich? Puh, ich muss jetzt echt mal durchatmen, damit ich mich da nicht hineinsteigere und beobachte mich zugleich weiter. Mir wird jedenfalls klar, wie viel mein Sehsinn zu meiner inneren und äußeren Kontrolle und damit meinem momentanen körperlichen Gleichgewicht beiträgt. Mit geschlossenen Augen geh-meditieren finde ich ziemlich beschissen und entschließe mich, mit geöffneten Augen weiterzugehen. Dann hole ich verbal aus: Du kannst das mit den geschlossenen Augen schön in die Tonne kloppen! Und im selben Moment erinnert mich meine bessere innere Hälfte erneut. *»Auch hier gilt es, keinen Wettbewerb zu gewinnen. Hier geht es um dich und deine Bewusstheit. Kein Vergleich mit anderen. Keiner, der dich lobt. Nur du selbst mit deinen eigenen Erkenntnissen und deinem eigenen, selbst gewählten Tor.«* Stimmt! So soll es sein. Gabi klackt und wir finden uns im nächsten Augenblick wieder vor unseren Plätzen ein.

Die nächste Sitz-Einheit beginnt. Einatmen – ausatmen. Mein Magen knurrt. Jetzt wird also mein Verdauungsorgan vorgeschoben. Na super! Ich schüttle innerlich den Kopf. Ich habe Hunger! Einatmen – ausatmen. Ist es tatsächlich mein Magen, der da singt? Ja, er ist es und ich *bin er*. So lange meditieren auf leeren Magen? Ist das überhaupt gesund? Ich lasse mich ablenken. Wie viele Minuten haben wir denn noch? Ich beobachte den inneren Dialog. Ego, halt einfach die Klappe! Wir konzentrieren uns jetzt wieder auf meine Atmung. Klare Ansage! Einatmen – ausatmen. Doch mir bleibt kaum Zeit, in die Stille zu kommen. Denn das innere Manöver geht weiter. Was es wohl Leckeres zum Frühstück gibt? Mmmh. Hunger scheint wohl die Fantasie anzuregen. Einatmen – ausatmen. Ob das schmecken wird? Ob wir alle satt werden? Mit dem nächsten Augenzwinkern erstarre ich bei diesem Gedanken und halte die Luft an. Woher kommt die Angst, dass nicht genügend Essen da sein könnte? Doch dann atme ich weiter. Herrje, das dauert noch, oder? Einatmen – ausatmen. Mein Rücken zwackt jetzt auch. Und wenn ich es mir so recht überlege, mischen sich meine Knie auch wiederholt ein. Autsch! Einatmen – ausatmen. Welche meiner inneren Meckerbacken sich als Nächstes melden mag? Ich weiß es nicht. Ich wage einen letzten Versuch, hole tief Luft und brülle alle an: Ist nun endlich mal Ruhe im Dudelsack? Es folgt – ich glaub es kaum – tatsächlich Stille! Ups? Für ganze zwei Sekunden schaffe ich es wirklich, an nichts zu denken. Ich *bin* tatsächlich *Stille*. Wow! Einundzwanzig, zweiundzwanzig. Doch der Singsang geht leider schon wieder weiter. Breche ich schon nach der zweiten Vierziger-Runde ein? Einatmen – ausatmen. Oh Mann, wie lange haben wir denn noch?

So langsam brauche ich etwas zu essen, sonst überlebe ich das hier nicht, verliere das Bewusstsein und falle um. Äh, was? Ein erneuter Funke durchzuckt mich. Hunger, Essen, Bewusstlosigkeit? Dann zieht es mich auch schon wieder zurück ins Hier. Ja, vielleicht plumpse ich sogar auf meine linke Sitznachbarin drauf. Dann spielen wir mit der versammelten Mannschaft Zazen-Domino-Day. Einatmen – ausatmen. Durst habe ich übrigens auch. Auch das noch! Ich schüttle innerlich den Kopf. Vielleicht kommt ja gleich ein gutaussehender Steward vorbei und bietet mir leckeres frisches Wasser an? Vielleicht auch noch 'ne halbe Sau auf Toast? Nee, die ist nicht *koscher*, erhalte ich irgendwoher in mir zur Antwort. Ich grinse über so viel *Bobbemaises* in meinem Kopf. *»Sind es wirklich ›Omas Märchen‹, die sich in dir abspielen?«* Ich nehme diesen Hinweis kaum wahr, denn ich drifte weiter in meine Fantasie ab. Dieser bezaubernde Flugbegleiter lächelt mich an und fragt mich nach meinem Namen. Ich hab Kribbeln im Bauch. Wir unterhalten uns. Dieses Funkeln in seinen Augen. Wir tauschen noch rasch unsere Handynummern aus und … – *»Ruuuth, Mensch!«* Ich werde ermahnt und zucke zusammen. Blödes Einatmen – ausatmen! Ich will auf der Stelle aufstehen und frühstücken. Jetzt, sofort! Sollen alle nach meiner Pfeife tanzen! Ich stampfe innerlich mit beiden Füßen auf den Boden und höre meinem eigenen Gezeter zu. Hey, wie bin ich denn drauf? Einatmen – ausatmen. Das wird wohl wieder nichts mit dem männlichen Lecker-Schnittchen. Die Gedanken-Romanze mit meinem privaten Steward endet abrupt. Ja, ich werde der

Ruhe weiter folgen und hier im Raum keinen durch äußerlichen Aufruhr stören! *»Gut so!«* Einatmen – ausatmen. Es ist der allerletzte Versuch, mir augenblicklich selbst zu gehorchen, doch merke ich, wie ich von meinem inneren Liederbuch einfach nur genervt bin. Ich habe wirklich Hunger. Mordsmäßig! *»Mordsmäßig?«* Da ist er schon wieder, dieser Gedankenstrang. Oder ist es ein Gefühl? Ich kann es gerade in mir nicht zuordnen, aber es erzeugt in mir eine Art Irritation. Doch schon werde ich wieder ins Jetzt zurückgeholt. Und überhaupt: Ich habe echt ein Loch im Bauch. Nein, einen Krater! Einatmen – ausatmen. Und ich will, dass es jetzt ein Ende hat. Verdammt nochmal! Mein energischer Wunsch wird tatsächlich erhört, denn Gabi holt uns in der nächsten Sekunde wieder ins Zendo-Hiersein zurück. Wir blicken auf.

Gegen fünf vor halb acht suche ich mir also im Speisesaal meinen eigenen festen Sitzplatz der folgenden Tage. Es wird ein Stuhl in der Kräutertee-, nicht in der Heißwasser- und auch nicht in der Kaffee-Trinkgemeinschaft sein. Fortan sitze ich, wie ich am letzten Morgen erst erfahren werde, neben Steffen und Rafael.

Müsli mit Milch oder Joghurt lächeln mich an. Ich weiß nicht ob rechts- oder linksdrehend, denn das ist mir gerade so was von egal! Ich b i n zweifelsohne der H u n g e r – am und im gesamten Körper. Das glaube ich nicht nur, das spüre ich. Zurechtgeschnittenes Obst und ein Schälchen mit Nüssen, Mandeln und Rosinen stehen auch schon parat. Honig und Zucker sind ebenso nun jeden Morgen griffbereit, direkt neben dem brennenden Teelicht und der einzelnen Blume, die uns aus ihrer Mini-Vase zuwinkt. Alles ist liebevoll hergerichtet und frisch. Erst ein paar Tage später wird mir bewusst, dass wir hier ein wirklich ballaststoffreiches Essen zu uns nehmen. Bei so viel Sitzen ist das für den Körper, konkreter gesagt unseren Darm, genau das Richtige. Allergiker erhalten im Übrigen spezielles alternatives Essen. Für jeden ist etwas dabei. Für jeden ist gesorgt.

Das Frühstück beginnt. Gott sei Dank. Bewusst den Apfel schmecken, bewusst die Müsli-Joghurt-Honig-Masse zerkauen. Schnittchen für Schnittchen, wie meine Freundin Clara jetzt sagen würde. Bewusst den Löffel ablegen, bevor ich bewusst zur Tasse greife und Schlückchen für Schlückchen meinen Kräutertee trinke. Mit jedem Schluck und Bissen entspanne ich mich mehr. Etwas in mir füllt sich wieder auf. Langsam. Übrigens erlebe ich hier gerade das komplette Gegenteil von zu Hause: kein Buch, kein Tablet oder Handy liegen neben dem Tellerrand. Nicht lesend, Solitär spielend oder sonstige Nachrichten-Apps durchblätternd. Auch keine Textnachrichten oder E-Mails nebenbei tippend oder in die Sprachsoftware diktierend. Nein, auch keine Video-News oder neuen *Stories* bei den anderen checken. Erst recht keine eigenen *Posts* hochladen. Nicht besser, höher und schneller sein. Sondern einfach sein, essen und mich um mich selbst und meinen Körper samt Essbedürfnis kümmern. Und das Ganze durchaus genießen!

Noch bin ich bei mir. Doch nicht mehr lange, denn ich sehe es schon bald wieder kommen: Die anderen essen viel schneller als ich. Immer die anderen! Oder vielleicht auch immer ich? Das gibt's ja nicht! Ich kann hier doch nicht die Langsamste sein? So lahm bin ich nun auch nicht. *»Vielleicht doch? Was wäre wenn? Wäre es schlimm für dich, wenn du dein eigenes Tempo hättest?«* Ich merke, wie ich mir einfach Zeit lasse – beim Kauen, Schlucken und bei der oralen Nachschubversorgung. Immerhin das mache ich hier wie zu Hause. Trotzdem gerate ich in Stress und will erneut nicht, dass die Tischgemeinschaft auf mich warten muss. So lege ich im Staccato-Schritt zu, hole auf und erreiche fast zeitgleich mit den anderen Essen-Inhalierern die Zielgerade. Mein Ego wedelt seine ›Gut gemacht!‹-Fahne, aber mein Magen tönt sofort: Sag mal, bist du bekloppt? Ich kann nicht so schnell! Er zeigt mir den Vogel und zückt die gelbe Karte. Die Folge ist ein unwohles Völle- und Druckgefühl in mir. Oh Mann. Das kann's wohl wirklich nicht sein! Stress beim Essen, wo ich doch so achtsam sein soll? Nee, ne? Das geht mal gar nicht! Ich bin weit weg von meiner Übung, dem Einatmen – ausatmen. Wie kann ich diese Herausforderung meistern? Mein Fazit steht fest und ich entscheide für mich, dass es sich um eine Ausnahme handelt: Ich werde mein Schweigen brechen und Gabi fragen, wie ich es am besten anstelle, hier nicht zu verhungern und zugleich nicht regelmäßig meinen Magendruck zu erhöhen. *»Eine sehr gute Idee!«* Und sogleich erklingt in mir ein glückliches ›AAA-OOO-MMM‹ gespickt mit der Aussicht auf Entspannung und der Lösung meines Problems. Yippeee!

LIRUM LARUM LÖFFELSTIEL

Kleine Kinder fragen viel,
fragen dies und fragen das,
warum ist das Wasser nass?
Lirum larum Löffelstiel,
wer nichts lernt,
der kann nicht viel.

Mit zufriedenem Lächeln ersetze ich wieder Pantoffel durch Turnschuhe. Die tägliche Stunde Mitarbeit – *Samu* – beginnt. Ich gehe zu Hans-Joachim ins rote Gebäude. Er ist der Gärtner vor Ort und weist uns die zu erledigenden Arbeiten zu. Der Regen prasselt draußen auf die Fensterbänke. Es ist kurz nach acht.

»Ihr müsst es nicht übertreiben!«, betont Ha-Jo. »Wenn es zu nass wird, dann hört einfach auf!«

Da meldet sich erneut ein Eilbote in mir, mein strenges Ich. Geht nicht, gibt's nicht! Einmal für die Gartenarbeit entschieden, da musst du durch. Ja, es ist wie im wahren Leben: Nicht immer ist schönes Wetter. Mitgehangen – mitgefangen. Nur die Harten kommen in den Garten. Das Leben ist kein Zuckerschlecken und erst recht kein Ponyhof. *»Doch!«*, kontert es in mir ebenso schonungslos zurück. Aha, tolle Gedanken! Woher kommen die nur? Was trage ich da in mir? Mmmh. Danke. Ich beobachte weiter.

Ha-Jo fragt mich, ob ich Unkraut zupfen und Kanten schneiden möchte. Ich bejahe und statte mich mit

Eimer, Kantenschneider, Unkrautstecher und Gartenhandschuhen aus. Mein forschender Blick durchwandert sodann die Grünflächen und ich lasse mich daraufhin hier nieder. ›Löwenzahn & Co.‹ scheinen vor mir zu erstarren. Sie schauen weg und versuchen dadurch, nicht gesehen zu werden und sich so unauffällig wie möglich zu verhalten. Doch sehe ich sie, und zwar alle! Mit größtmöglichem Bewusstsein mache ich mich nun an die Einzelvernichtung von kleinen und mittelgroßen Pflanzen heran, deren Namen ich nicht kenne. Unbeschriftete, anonyme Grabsteine kommen mir in den Sinn. Sind es die all dieser Unkräuter um mich herum? Ja, eure Zeit ist gekommen! Was muss, das muss. Da erschaudere ich. Dieses Wort ›muss‹. Wer sagt eigentlich, dass ich muss? Das ›Muss‹ in mir sollte eigentlich schon längst tot sein! Ein Grabstein für ›Muss‹. Stattdessen hat es immer noch Bestand. Verdammt! In mir kämpft irgendetwas, das merke ich genau.

»Bitte, hab Erbarmen!«, schallt es mir plötzlich zitternd entgegen.

»Nee, der Ha-Jo hat gesagt, ihr müsst weg!« Und schon wieder dieses verflixte Wort. So richtig wohl fühle ich mich nicht in meiner derzeitigen Täterrolle. Ich befolge doch nur die Regeln, Ha-Jos Regeln, und damit seinen Auftrag. Oder? Ich gerate ins Grübeln. *»Wen stören sie? Stören sie dich?«* Plötzlich räkelt sich ein Regenwurm unterhalb des Erd-Wurzel-Gemischs heraus. Ich nehme ihn auf meine Hand. Er erweicht mir mein Herz und ein nächster stiller Dialog beginnt.

»Na du, willst du auch mal frische Luft schnappen?« Ich streichele ihn.

»Und was passiert jetzt mit mir? Bist du auch böse zu mir? Ich habe dir doch nichts getan. Ich bin doch einfach nur so, wie ich bin. Oder bin ich zur falschen Zeit am falschen Ort? Oder magst du mich nicht wegen meiner Hautfarbe, durch die du mich erst von der Erde hier um mich herum unterscheiden konntest? Findest du mich eklig? Wirst du mich auch aus meiner Heimat entfernen?« Er kringelt sich hin und her und ich kriege im selben Moment Gänsehaut.

»Nein, Sweety, du bleibst hier!«, entscheide ich und lege ihn sorgsam zurück in die Mulde, sein Zuhause, bevor ich die Erde darüber wieder glatt streiche. Ich mache mir bewusst, dass ich durchaus immer Entscheidungs- und auch Handlungsmöglichkeiten besitze, Eingriff in dieses oder ein anderes System zu nehmen. Ich bin es, die handelt und daran glaubt, dass es für mich in diesem Moment richtig ist. Und ja! Manchmal ist es Handeln, manchmal aber auch Schweigen und Nicht-Handeln, die sich dann für mich stimmig anfühlen. Und ebenso ja, manchmal ist es auch Reden und Nicht-Handeln. Aber das alles bin ich, die darüber voll und selbstverantwortlich entscheidet. Ob ich die Wahl habe, meine Entscheidung und mein Handeln im Nachhinein zu korrigieren? Vielleicht sogar zu revidieren? Ja, eigentlich doch immer. Nur sind es eben vergangene Situationen und Momente, die sich nicht immer wieder so wie vorher zeigen. Rahmenbedingungen haben sich dann einfach geändert. Das macht ein System aus. Aber ich erlaube mir einfach, dann neu zu entscheiden und möglicherweise auch mich danach anders zu verhalten. So kann ich doch schließlich mir selbst mit gutem Gewissen weiterhin in die Augen schauen, oder?

Es regnet immer noch und die Kälte kriecht mir so langsam in die Knochen. Noch stört mich das nicht, meine gebückte Körperhaltung schon mehr. Oh ha! Das Knien. ›Programm Eins‹ des heutigen Kopfkinos folgt sogleich und macht mir klar, welche Rückenverspannungen und Kniestiche sich soeben in mir emporheben. Wie die grauen Wolken dort hinten links oberhalb der Baumkronen. *»Ruth, wir haben Viertel nach acht. Du hast also noch eine Stunde Gartenarbeit vor dir. Du bist gestern Nachmittag erst hier eingetroffen, also gib acht auf dich! Ja, Knie und Rücken tun dir jetzt schon weh. Wie soll das mit dir weitergehen?«* Stimmt, ich bin jetzt schon im Unkraut-Eimer und entscheide, das Beste daraus zu machen. So denke ich es zumindest für den Moment. Aber die Rasenkanten entlang der Grenzsteine am Weg, die gehören noch mir! Für heute. Ich schneide und entferne das Gras, eigentlich bewusst, doch, wie ich später merke, nur bedingt achtsam mit mir selbst.

Es ist Viertel nach neun, als ich mir zufrieden meine getane Arbeit anschaue. Auch ich trage einen Teil zum Ganzen bei. Das finde ich gut. Oder ist es mein Ego, das sich gebauchpinselt fühlt? Wieder vorsichtig aufgerichtet und die Glieder ausgestreckt, bringe ich den Müll in den Garten- und die Utensilien in den Material-Container zurück.

Die Regenjacke aufknöpfend gehe ich die Treppe zu unserem Flur hoch. Ein kuschlig warmes Zimmer erwartet mich. Leise gleiten meine nassen Klamotten auf unsere Heizung. Denn Angela ist mir schon zuvorgekommen und liegt längst nieder. Flach wie eine Flunder plumpse auch ich ins gemütliche, tragende Bett. Wir ruhen uns die verbleibenden zwanzig Minuten gemeinsam aus.

Viertel vor zehn. Sitzen – *Teisho* – Sitzen sind nun dran. Dieser Vortrag zwischendrin wird mir angenehme Ablenkung schenken. Das gibt wieder Nachschub für meine Denkerbirne. Sehr gut. Gefühlsmäßig beginnen wir jetzt mit einer Zwanziger-Runde Zazen. Ich kann kaum noch sitzen. Einatmen – ausatmen. *»Bleibe bei dir!«*, muntert sie mich auf. *»Atme! Was hast du noch von Clara gelernt? Atme in die Eierstöcke hinein, das, was sie im Radio gehört hatte.«* Richtig! Einatmen – ausatmen. Ob das hilft? Aber wie soll das bloß die kommenden Tage funktionieren? Ich empfinde mich jetzt schon wie durchgepresst und dreimal umgerührt. Zweifel beginnen in mir wieder aufzusteigen. Gabis Klack ist jedenfalls ein Segen. Kurz versuche ich, mich sitzend zu dehnen, aber es klappt nur mittelprächtig.

Dann folgen Worte von Siggi. Erklärungen und Erläuterungen. Er ermahnt uns, immer wieder in der Übung zu bleiben. Es macht etwas mit uns, wir verändern uns. Es verändert uns und unseren Körper. Von der Wissenschaft nachgewiesen, bilden sich neue Synapsen im Gehirn. Was hatte ich hierzu letztens noch gelesen? Welche Drüse war es doch gleich, die sich sodann durch Meditation wieder vergrößert?

Meine Wehwehchen holen mich zurück ins Hier und Jetzt. Rücken! Ich b i n e r. So stark sind die Schmerzen im Brust- und Lendenwirbelbereich und nun auch noch in den Knien. Mein Ischias brüllt ebenso. Super! Das mit der Frischluft ist ja schön und gut. Aber diese kniende Gartenarbeit? *»Liebes, es war deine Entscheidung. Doch war es wohl dein Ehrgeiz, der zu vordergründig zugegen war und mit dir durchging. Kann das sein?«* Ja, hätte ich mal mehr auf Ha-Jo gehört. Oder auf mich selbst? Ist das eine Lernaufgabe, auf mich zu hören? Auf ein Gefühl? Oder ist es besser, meinem Kopf zu folgen? Steckt Ego in meinem Kopf? Ja, mit meinem Schädel will ich oft durch die Wand. Und manchmal ist der sehr dick und passt nicht ganz durch. Aber ob das letztlich meinem Körper gut tut?

Siggis Ausführungen nehme ich gerne an und denke darüber nach. Ich packe sie als Impuls ein, vielleicht auch als Antwort auf einen Teil meiner derzeitigen Fragen. Wo geht meine Reise nur hin? Auch meine berufliche. Bin ich da überhaupt noch richtig? Und wofür war die Vergangenheit gut? Meine Vergangenheit? Die Vergangenheit von anderen? Welche Erfahrungen sollte ich machen und warum nur? Warum sind manche Erfahrungen davon, insbesondere im Job, so schmerzhaft gewesen? Warum bin ich zum Beispiel gemobbt worden? Wie kam es überhaupt zum Burnout? Warum bin ich so, wie ich bin? Bin ich es, mir zu erlauben, so zu sein? Ja, denn nur ich weiß, wie es in mir aussieht. Dann kann ich doch also auch darüber entscheiden, nicht wahr?

Mein Zeitgefühl ist so langsam aber ziemlich durch den Wind. Es folgen wahrscheinlich eine Sitz-, danach eine Geh- sowie eine erneute Sitz-Meditation. Ich weiß es nicht genau. Ich weiß nur, dass die letzte Sitz-Einheit für mich den totalen Killer bedeutet. Mein Ego scheint sich sogar darüber zu freuen. Nein, mein Körper schreit und mein Geist denkt den Gedanken: Ich kann nicht mehr! Ich bin komplett am Ende. *»Ruth, nochmal! Dein erster Vormittag liegt gleich erst hinter dir und du hast noch vier Tage vor dir«*, erhalte ich als erinnernde Bestandsaufnahme. Das kann nicht nur heiter werden, das wird höllisch! *»Wirklich? Weg auch mit diesem Gedanken! Herbei mit einem neuen: Du packst das schon!«* Und obwohl es gerade etwas in mir gibt, das sich dagegen zu wehren versucht, weiß ich, dass eine andere Seite in mir zuwinkt, die daran glaubt. Okay, der Versuch ist es wert.

Ich freue mich wie Bolle – nicht auf den Milchwagen, sondern aufs Mittagessen. Was es heute wohl geben wird? Klar, dass mein Magen sich schon länger im Voraus für den Essensnachschub angemeldet hat. Er hat auf dem geistigen Anmeldeformular heute sogar gleich zweimal unterschrieben. Phhh! Als würde das nicht auffallen! Ich schmunzle in mich hinein. Einatmen – ausatmen.

Gabi, die Erlöserin der Momente, schenkt nicht nur mir den freudigen Augenblick. Sondern, wie ich so langsam realisiere, auch der weiteren, sich um mich herum räkelnden und stöhnenden Sitz-Masse.

Mein Essensproblem: Wie mache ich das bloß? Entschieden steuere ich schnurstracks auf Gabi zu, noch bevor wir den Zendo verlassen. Für solche wichtigen Momente dürfen wir unser Schweigen mit Gabi oder Lars brechen. Eine gute Regel! Denn die beiden sind für uns da.

»Du Gabi, ich hab da ein Problem.« Flüsternd berate ich mich mit ihr.

»Das kann ich verstehen, aber es ist doch ganz einfach.« Sie erläutert, dass ich gerne eine kurze Pause einlegen dürfe, damit die Tischgemeinschaft sich nach dem Essen ordnen und den Saal verlassen kann. Danach könne ich selbstverständlich in Ruhe weiteressen. »Ja, klar, mach das so! Das ist völlig in Ordnung.«

Ich atme Erleichterung aus. »Danke, Gabi! Spitzenmäßig!« Endlich eine gute und stressfreie Lösung für mich und meine Verdauungsorgane. Sie nickt lächelnd und etwas in mir macht Freudensprünge.

Das Mittagessen ist schier köstlich. Die Küchenengel kochen einfach fantastisch. Vegetarisch – Bio – lecker! Sehr abwechslungsreich gibt es heute und die kommenden Tage mittags wie abends diverse Gemüse, Reis, Kartoffeln, Tofu, Saucen und Salate. Alles ist sachte gewürzt, so dass jeder bei Bedarf nachwürzen kann. Ich werde mir meiner eigenen Essens- und Kochkultur bewusst. Schon jetzt steht fest: Die eine oder andere Idee werde ich davon mit nach Hause nehmen und zukünftig vor allem ballaststoffreicher essen. Wer übrigens nachlesen will, was wir zu uns nehmen, für den hängt die Schiefertafel mit entsprechenden Hinweisen an der Wand.

Ich kaue und schlucke bewusst in meinem eigenen Tempo den vorerst letzten Bissen hinunter. Dann platziere ich mein Besteck nebeneinander rechts auf den Teller. Es bleibt noch Zeit, bis auch die letzten dieses Tischs fertig gegessen haben. Ich beobachte und gehe unbewusst in mich.

»Kindeeer, Essen ist feeertiiig!«

Mein Bruder und ich stürzen hungrig die Treppe hinunter und in die Küche hinein. Wir setzen uns hibbelig an den Küchentisch.

»Was gibt's denn heute?«, frage ich Mama.

»Eingemachte Lachadaudes!« Sie grinst und will uns schon wieder nicht verraten, was sie gekocht hat.

»Es duftet aber lecker! Mir läuft schon das Wasser im Mund zusammen!«

»Mir auch!«, brüllt mein Bruder. Wir lachen alle.

Dann stellt uns Mama die Teller mit dem Essen hin.

Wir staunen unauffällig, schnaufen leise aus und lassen uns erstmal nix anmerken. »Danke Mama!«

Sie dreht sich dann um und fängt an, die leeren Kochtöpfe abzuspülen.

Mit jetzt bedröppeltem Gesicht beginnen wir beide zu essen. Es gibt Nudeln mit Möhren und Fleisch. Mein Bruder und ich haben aber gerade ein Problem: Er mag heute seine Möhren nicht und ich mag mein Fleisch nicht essen. Mama summt das Lied im Radio mit und schaut zwischendurch aus dem Küchenfenster. Die Sonne scheint. Mama sieht unsere Blicke nicht. Dann beginnen wir beide zu grinsen, weil wir dieselbe Idee haben. Ob wir Mama fragen sollen? Ich gucke zu ihr, dann zu ihm. Mein Bruder schüttelt still den Kopf. Er weiß genau, was ich denke. Ob sie was mitkriegt? Nein, oder? Wir schauen nochmal zu ihr. Dann nicke ich ihm zu. Es steht fest: Los! Jetzt oder nie! Meine Gabel packt mein Stück Fleisch zu ihm um und sein Löffel schaufelt vorsichtig sein Gemüse zu mir rüber. Wie von Zauberhand sieht das Essen auf unseren Tellern plötzlich gaaanz anders aus. Kooomisch! Wir giggeln leise, kauen weiter und tun so, als wäre gaaar nix gewesen. Jetzt ist alles ganz lecker für uns!

Gabis Essensabschluss-Klack ertönt und holt mich aus dieser lieblichen Erinnerung zurück. Unsere Tischgemeinde erhebt sich und ich mich mit ihr, obwohl mein Teller noch halb gefüllt ist. Als alle aufbrechen, nehme ich erneut auf meinem Stuhl Platz. Erst jetzt erkennen meine Essensbegleiter mein Vorhaben. Sie nicken beipflichtend und ich fahre in Ruhe mit meinen persönlichen bewussten Gaumenfreuden fort. Steffen schweigt mir freundlich und aufmunternd ein ›Weiterhin-guten-Appetit!‹ zu. Ich nicke mein ›Danke!‹ zurück. *»Na, geht doch!«* Ja, welch Geschenk diese Vorgehensweise doch ist!

Halb eins. Das bedeutet nun Freizeit bis vierzehn Uhr, wenn wir uns nicht noch zwischendurch den leckeren Kuchen ab Viertel nach eins genehmigen wollen. Essen geht immer. Kuchen sowieso! Es ist fast mein Lebensmotto, merke ich. Warum nimmt das Essen in meinem Leben bloß eine so zentrale Rolle ein? Darüber habe ich noch nie nachgedacht. Ein anderes Mal werde ich diesem Gedanken folgen. Nicht jetzt. Denn für den Moment bin ich doch mehr als gedacht am Ende und folge Siggis Empfehlung, sich auszuruhen. Eine volle Stunde bleibt mir hierfür Zeit.

Als ich unser Zimmer betrete, liegt meine Leidensgefährtin bereits wieder in der Horizontalen. Auch sie scheint tutto completto erledigt. Nur leicht döse ich weg. Doch ich merke, wie mein Körper und auch mein Geist sich regelrecht mit jeder Minute die Erholung zurückholen und in sich aufsaugen.

Die entfernte Kirchenglocke läutet. Es ist halb zwei und mich erwartet jetzt noch ein leckeres Stück Mandelkuchen. Ich genieße es und gehe damit gestärkt in den Nachmittag.

GRÜN, GRÜN, GRÜN SIND ALLE MEINE KLEIDER

Grün, grün, grün ist alles, was ich hab.
Bunt, bunt, bunt sind alle meine Kleider,
bunt, bunt, bunt ist alles, was ich hab.

Zurück im Zendo nehme ich meinen Platz wieder ein. Es beginnt eine weitere Vierziger-Runde. Ich weiß nicht, die wievielte heute. Gefühlt ist es die zehntrillionste, doch mein Verstand ist noch klar und sagt mir: Mädel, das kann gar nicht sein!

Von nun an beginnen täglich und abwechselnd zu unterschiedlichen Zeiten, vormittags, nachmittags wie auch abends, die *Dokusan* bei den drei Zen-Lehrern. Ich nenne sie ›Sprechstunden‹ mit den Kursleitern. Es ist wichtig und richtig, dass sie angeboten werden. Du wirst nicht allein gelassen. Weder mit deinem Geist, deinem Kopfkino, deinem Ego, noch mit deinem Körper, deinen Schmerzen sowie ›Zipperlein & Co.‹. Du fühlst dich getragen und an die Hand genommen, wenn du es dir nur erlaubst und es zulässt. Entgegen meinem ursprünglichen Eindruck folge ich dem heutigen inneren Gefühl. Ja, ich entscheide neu und lasse von einer alten Bewertung in mir bewusst los. Die Folge ist die gelbe Papierkarte unterhalb meiner Sitzmatte, die jetzt neben meinem Namensschild herauslugt und Lars das Zeichen gibt.

Denn unter jeder Matte befinden sich drei farbige Kärtchen: ›Gelb‹ für Ramona, ›Rot‹ für Martin und ›Grün‹

für Siggi. So hat es uns Lars erklärt. Wenn man also mit der jeweiligen Person reden möchte, zückt man einfach eine der drei Karten. Und wenn man alle drei sprechen möchte, dann legt man eben alle drei Farben sichtbar hin. Das sieht dann fast so wie eine Ampel aus. *»Aber hinter dieser Ampel verbirgt sich keinesfalls eine Einbahnstraße, sondern eher die freie Fahrt zu dir selbst.«* Ja, das vermute ich bereits und muss grinsen.

Lars erhält damit mein Signal für Ramona. Auch die Dokusan erlauben uns, das Schweigen zu brechen. Schneller als erwartet, tippt er mir lautlos und zugleich sanft auf die Schulter. Ich stehe auf und verlasse den Zendo. Im Vorraum deutet er mir flüsternd mit »Dorthin!« den Weg zu Ramonas Raum. Ich tapse den alten Konvent-Gang entlang. Die gelben Papierkärtchen an der Tür und vor der Yoga-Matte, auf der die Holzhocker für die Wartenden bereitstehen, bestätigen mir, dass ich hier richtig bin. *»Und wie, Schätzelein. Du bist hier goldrichtig!«*

Ich versuche mich in meiner Zen-Übung, doch lenkt mich mein Ego mit meinem Komplettpaket an Schmerzen ab. Meine ›rote Woche‹ habe ich gerade hinter mir. Logo, jetzt arbeiten sich die Eierstöcke zum Eisprung vor. Nix da von wegen dort Hineinatmen! Das geht im Moment irgendwie gar nicht. Ich bin aus allen Ecken und Kanten durch mich heraus abgelenkt. Ob bei den Männern eigentlich auch noch zusätzlich etwas arbeitet? Die Leistenbrüche? Oder die Samenstränge? Jedenfalls weiß ich augenblicklich nicht, ob es an meinem Körper, nein, genau genommen meinem Schmerzkörper, noch irgendwo eine klitzekleine Stelle gibt, die nicht weh tut. Es ziept und zwickt an den meisten Stellen meines Ichs. Und mein Ego zückt dafür alle notwendigen Register. Es wehrt sich. Gegen eine Erfahrung? Meine Erfahrung? Oder schützt es mich? Ich sitze auf diesem harten Holzhocker und warte. Hätte ich doch ein wenig mehr Sitzfleisch. *»Hätte – würde – sollte – könnte. Hast du aber nicht. Weg mit dem Gedanken und auch mit dem an die Schmerzen!«* Ich atme tief durch. Immerhin trägt die kuschelige Lammfellmatte unter meinen Fußsohlen für meinen Kopf zu ein wenig Gemütlichkeit bei. Honig für den Geist. Etwas Positives, an das ich mich in dieser Sekunde wie an einem Strohhalm festhalten, fast sogar entlanghangeln kann und womit ich mich gerade ablenken möchte. Wärme und sich wohlfühlen. Entspannen. Zu Hause sein. Wieder rein in die eigene Komfortzone, in die heiße Badewanne, wünscht es sich in mir sehnlichst. *»Aber die gibt es eben nicht. Badewannen sind für heute aus!«* Nun, das ist sehr ernüchternd und fast schockierend. Daher erhalte ich im Moment weder Wellness für meinen Körper noch für meine Denkfabrik. Ich weiß, aber träumen ist doch erlaubt, oder?

Die Realität holt mich zurück ins Hier und Jetzt dieses Nachmittags. Ich bin in jeglicher Hinsicht unentspannt. Was wollte ich Ramona überhaupt fragen? Ich habe momentan keinen blassen Schimmer mehr davon. Mein Denker in mir will mir helfen, schafft es aber nicht. Der Geist ist leer und dann wiederum auch nicht. Fragen in allen Farben, die mein wissbegieriges Ego mir stellt, kann ich mir in den meisten Fällen schon selbst beantworten.

Es scheinen mir Oberflächlichkeiten zu sein, die nicht in die Tiefe in mir selbst eindringen wollen und nicht dort herkommen. Doch habe ich das Gefühl, durch Ramonas Antworten an weiteres Wissen in mir zu gelangen. Es ist nur ein Hauch von Gefühl, fast unerklärlich. Daher gab es für mich schon einen Grund, warum ich die gelbe Karte gezückt hatte. *»Mach dir keinen Kopf, geh hinein, denn irgendetwas Sinnvolles wird dir schon einfallen! Du wirst dann wissen, was du wissen möchtest.«*

Ramonas Handglocke schellt. Die Tür geht auf und die vorherige Besucherin verschließt sie hinter mir. Alles ist festgelegt, selbst dieser Ablauf. Ein gemütlich kleiner, heller Raum erwartet mich. Vieles ist in Weiß und Beige gehalten – bis auf die schwarzen runden Meditationskissen. Ramona sitzt auf der einen Seite des Raums, der Besucher nimmt ihr gegenüber auf dem vorbereiteten Kissen Platz. Links von mir steht ein kleines halbhohes Bänkchen. Die Kerze brennt. Mit den Weihrauch-Stäbchen im Tongefäß wird anscheinend auch dieses Zimmerchen immer wieder geräuchert. Es duftet nach Stille. Ein weiterer Ort des Ankommens.

Ramona lächelt. Ihre Augen strahlen etwas Warmherziges aus und die schwarze Kleidung stört mich heute nicht. Ich schätze sie auf Ende fünfzig. Wir begrüßen uns noch schweigend mittels Gassho. Ich setze mich. Sie fragt mich nun mit sanfter Stimme nach meinem Namen und sucht auf dem neben ihr liegenden Plan meinen Sitzplatz. Hallo? Das ist ja wohl der Hit in Tüten! Nicht nur, dass wir alle einen fest zugewiesenen Stammplatz besitzen.

Nein, das Ganze ist auch noch dokumentiert und hilft den Zen-Lehrern dieses Kurses zur besseren Orientierung. Ich bin wirklich beeindruckt von der Organisation dieses Zentrums. Haben die hier etwa eine Qualitäts-Management-Abteilung? Wow!

Dann erkundigt sich Ramona. »Wie geht es dir, Ruth?«

Ich sitze da, verloren in meinem Gedankengewirr, was ich sie fragen könnte oder eigentlich wollte. Zugleich fühle ich mich in ihrer Gegenwart plötzlich sehr wohl. Da bricht es aus mir heraus. »Ramona, ich weiß nicht mehr, warum ich hier bin. Ich bin auf der Suche, aber ich weiß nicht wonach. Ich hatte eigentlich Fragen zu meinem Beruf und der derzeitigen Arbeitssituation, aber ganz ehrlich: Ich bin gerade total leer im Kopf. Im Moment tut mir nur alles weh! Vorne, hinten, rechts und links. Weiblich und männlich sozusagen. Ich weiß wirklich nicht mehr, was ich dich fragen wollte. Ich bin einfach nur fertig!« Meine Stimme zittert leicht. Die aufsteigenden Tränen in mir schlucke ich gerade so noch herunter.

Sie versteht und pflichtet mir in dieser Erfahrung bei. »Bleibe in der Übung und atme in den Schmerz hinein. Lass ihn da sein und höre ihm zu. Erlaube dir aber auch, ihn wieder gehen zu lassen.«

Aha. Ich darf den Schmerz beobachten, aber nicht in ihm verharren. Einfach loslassen. Liebe Leut': Das ist einfacher gesagt als getan! *»Ja, Liebes, auch das ist eine Übung. Übung macht bekanntlich den Meister, nicht wahr?«* Ich versuche, Ramonas Ratschlag festzuhalten und in mir zu wiederholen, damit er sich einprägt. Doch selbst das fällt mir schwer.

Ihr »Denke daran, Ruth: Für nichts und wieder nichts!« nehme ich im Moment nicht mehr bewusst wahr. Noch stecke ich in meinem Schmerz, fühle aber schon jetzt diese Erleichterung in mir. Eine beginnende Entspannung in meinen Gliedern, die herrührt von dem Empfinden, von Ramona verstanden zu werden.

»Danke Dir!«

Ihre liebevollen Worte und ihr Dasein tun mir so was von gut. Sie strahlt so viel wärmendes Aufgeräumtsein aus. Ramona scheint in ihrer Mitte. Ihr Geist ist sehr klar und ihre Worte auch. Dann ist da dieses Gefühl, aufgehoben zu sein – mit meinem Körper, meiner Seele und meinem Geist zwischen dem Heer an Meckerbacken in mir. Mein ursprünglich erster Eindruck von ihr hatte getrogen. War es eigentlich mein Kopf mit einem Gedanken, der mich blendete? Ich folgte schließlich einem Gefühl in mir, das sich gegen einen Gedanken in mir durchsetzte. *»Siehst du, Ramona ist wirklich gut, nicht wahr?«* Ja, sie ist zauberhaft. *»Und gleicht sie deiner Großmutter, Oma Bär?«* Nein. Dieser erste Dokusan bei ihr dauert zwar nur kurz, gibt mir aber die Kraft und Wärme, den Weg der kommenden Tage weiterzugehen. Ramona mag ich sehr. Und die Zuversicht zu alledem, was ich hier mache, wächst in mir nun wieder.

Zufrieden parke ich meine Pantoffeln vor dem Zendo und nehme vorläufig auf einem der aufgereihten Holzhocker neben dem Super-Gong Platz. Ich gehe in meine

Übung und warte, bis Lars uns alle wieder zu einem richtigen Moment in den Zendo zurückholt. Einatmen – ausatmen. Ich atme in meinen Brust- und Lendenwirbelbereich hinein. Ischias an Ruth, spürst du meine Stiche? Ja, ich bemerke dich. Das war wohl wirklich ein bisschen viel mit dem Knien und dem gebeugten Sitzen heute Morgen im Garten. Ich gestehe es mir ein. *»Du warst unachtsam mit dir selbst!«* Einatmen – ausatmen. Lieber Rücken, es tut mir leid. Nun, ihr Schmerzen! Ich wende mich ihnen direkt zu und schaue ihnen tief in die Augen. Ich erlaube euch zu gehen und mir, euch zu spüren und danach loszulassen. Morgen früh frage ich Ha-Jo, ob ich eine andere Gartenarbeit machen darf. Einatmen – ausatmen. Es klackt von drinnen im Zendo, die Türen öffnen sich und Lars holt uns alle wieder herein.

Übrigens: Immer wieder zwischendurch auf den Tag verteilt rezitieren wir etwas. Mal ist es das *Herz-Sutra*, eine Art Weisheitstext, mal sind es andere Zen-Zeilen. Wir holen dafür das blaue Büchlein unter unserer Sitzmatte hervor und Lars benennt uns Seitenzahl sowie Überschrift. Gemeinsam lesen wir dann laut vor. Mein Verstand versteht dabei nicht alles, was er liest. Aber irgendwie habe ich das Gefühl, dass etwas anderes in mir versteht. *»Ruthi, es ist auch nicht wichtig, was in dir versteht. Du machst das schon richtig: Mach dir keinen Kopf darüber, sondern erspüre es. Alles ist gut so.«* Erspüren? Okay, ich vertraue jetzt einfach mal. Ist es Kontrolle, die ich da abgebe? Ich überlege. Normalerweise bin ich ja die Letzte, die in einer Gruppe mitschwimmt. Doch habe ich mich dazu entschlossen, diese

Erfahrung machen zu wollen. Und zu dieser Erfahrung gehören auch Rezitationen, die mein Verstand und Ego weder allesamt kapieren noch akzeptieren müssen. Unvoreingenommen und offen mache ich hier einfach mit. Nach und nach erkenne ich, dass mit jedem weiteren Lesen mir ein kleiner bunter Lichtblick durch die vereinzelt nebeligen Wortwolken erlaubt wird.

Eine weitere Geh-Meditation leitet sodann zum Abschluss vor dem heutigen Abendessen über. Es ist die trilliardste vierzigminütige Sitzung, übertreibt mein Ego. Ich folge Ramonas Rat und jetzt klappt es sogar einigermaßen. Meinen Schmerzen schenke ich nicht mehr meine komplette Wahrheit und Aufmerksamkeit. *»Es sind nur Gedanken! Es ist alles nur Kopfkino, produziert von etwas anderem in dir, das sich zu wehren versucht. Es versucht, dich von dieser Erfahrung abzuhalten. Erkenne es! Ja, es möchte dich schützen.«* Denn Kontrolle abzugeben und möglicherweise alten Schmerz sich bewusst zu machen und ihn erneut zu erleben, ist nie schön. Es gehört aber zu meiner jetzigen Erfahrung. Ich weiß das! Auch mein Herz und mein Bauch wissen, dass das, was ich hier tue, mir letztlich gut tut. Es ist richtig für mich und meine persönliche Weiterentwicklung. *»Dann folge einfach weiter diesem Gefühl, beobachte deine Gedanken und halte inne.«*

Nach dem Abendessen bleibt noch eine Stunde Freizeit. Ich spaziere den Feldweg entlang der alten Klostermauer hoch. Vor mir erschließt sich eine wunderschöne grüne Feld-Wald-Landschaft. Traumhaft! Es nieselt leicht, aber meine Regenjacke macht einen guten Job. Den

Grasgeruch sauge ich förmlich in mir auf und atme ihn im Rhythmus meiner Schritte wieder aus. Plötzlich wird mir mein erster Radiosender des Tages bewusst. Mein innerer Moderator beginnt: Heute spielen wir extra für Ruth ›Stayin' alive‹ von den Bee Gees. Yeah! Wie bitte? Ist das eine Aufforderung? Am Leben zu bleiben? Hier weiterzumachen? Ich glaub's zwar gerade nicht, aber ich gehe weiter. Schritt für Schritt und im Takt zu diesem Song. Wann hatte ich noch gleich dieses Lied das letzte Mal gesummt? Grinsend erinnere ich mich. Stimmt, bei diesem Erste-Hilfe-Auffrischungskurs.

Es ist, als wäre es gestern: Ich kniete damals vor dieser rosafarbenen Plastikpuppe. Der Kursleiter erklärte verschmitzt: »Wenn ihr Lust habt, könnt ihr dazu auch das Lied ›Stayin' Alive‹ singen, um euch besser die Geschwindigkeit der Druckmassage zu merken!«

Dann versuchte ich das mit dem ›30-zu-2‹. Dreißig Mal Herzmassage und zweimal Beatmen. Hechelnd, den Song summend und zugleich zählend pumpte ich diesen Rhythmus, bis ich schon bald aus dem letzten Loch pfiff. Es war mir, als wollten es sich meine ersten Schweißperlen gerade auf meiner Stirn gemütlich machen. Doch ein plötzlich lauter Schwall von gegenüber erfasste mich und ließ sie erstarren. Ich zuckte zusammen, sie hoben ihre Hände hoch und der Knallkopp von Teilnehmer, der mich herzhaft mit dem Refrain von ›Highway to Hell‹ beschallte, schaute dann doch mal fragend zum Kursleiter. »Geht net auch des Lied? Ei, des is von dene AC/DCs?

Isch hab' ma' gehört, des kann mer auch nemme!« Stirnrunzelnd, als wäre ich im falschen Szenario, denn dieser Song trägt sicherlich nicht zur Gesundung eines Patienten bei, schüttelte ich innerlich den Kopf, als mir der Kursleiter unauffällig besänftigend zuzwinkerte. Und nein, die Puppe unterhalb von mir lief nicht grün an. *»Aber etwa du?«* Nee, auch das nicht.

»Dann zurück Marsch, Marsch … ins Jetzt, Ruth!« Oh! Ich bin mal wieder jenseits meiner Übung. Einatmen – ausatmen. Meine Ohrmuscheln erfassen wieder meine eigenen Schritte in diesem Takt und ich merke, dass ich eine ordentliche Wegstrecke hinter mir habe.

Zurück im Klosterareal versuche ich, die große Holztür der Rundkirche zu öffnen. Ja, tatsächlich! Es klappt. Meine Mütze nehme ich vorsorglich ab, auch wenn ich nicht genau weiß, wie man sich richtig in Kirchen verhält. Ich habe das nicht gelernt, weil ich nicht christlich, sondern eher jüdisch erzogen wurde. Jedenfalls betrete ich respektvoll diesen kreisförmigen Raum. Ich bin allein. Mein Blick wandert umher und folgt den verspielten Verzierungen an den Wänden bis hinauf zur Kuppelspitze. *»Sieh mal, ein Auge!«* Ja, da oben ist tatsächlich ein Auge in einem Dreieck eingelassen – umgeben von flauschigen Wolken, hinter denen vereinzelte Sonnenstrahlen durchlupfen. Zauberhaft ist das hier! Je länger ich mich umschaue, desto mehr Details, Gesichter und Formen erkenne ich an den Wänden und in der Kuppel. Die Holzbank knarrt, als ich mich setze. Ob man hier singen darf?

Ob das jemanden stört? *»Nein!«* Ich habe doch keine Ahnung. Macht man so etwas? *»Ruth, einfach machen. Du bist alleine hier und es kräht kein Hahn danach.«* Ja, okay. Was ich mir mal wieder für einen Kopf mache! *»Tu es einfach!«* Einverstanden. Ich grinse, denn in mir summt es sowieso schon seit ein paar Sekunden: ein Mantra in *Sanskrit*, das wir immer mit unserer Yoga-Katrin gesungen haben. Es ist das *Moola-Mantra*, ein angebliches Heilmantra für die männliche und weibliche Energie, wie ich erst später erfahre. Es will aus mir heraus. Ich schaue mich also um, ob nicht doch jemand hinter mir mittlerweile hereingekommen ist und mich für völlig bekloppt erklären könnte. *»Nein, du bist allein und du tust für dich das Richtige!«* Ich nicke, kann ich es doch kaum noch in mir behalten. Es quillt schon förmlich aus mir heraus. *»Jetzt trau dich einfach!«* Das gibt mir einen letzten Ruck, ich setze an, atme tief ein und aus mir trällert es: *»Om Sat Chit Ananda Parabramha, Purushottama Paramatma, Sri Bhagavati Sametha, Sri Bhagavate Namaha, Hari Om Tat Sat …«* Es tut gut, befreit irgendwie und hallt hier so schön nach. Dann mündet es plötzlich in mein herzhaftestes Gelächter. Fast unglaublich! Eine Sanskrit singende Jüdin in einer christlichen Kirche. Yes! Das ist doch was. *»Es gibt immer ein erstes Mal, Ruthi.«* Jawohl! Für mich und für wen auch immer. Wer hätte das gedacht, dass ich mich das traue? Ich lache über mich selbst. Meine letzte Unsicherheit in mir schwindet. Ein herrlicher Klang durchdringt diesen Kirchenraum. Mein eigener Singsang gefällt mir. Es fühlt sich gut und richtig an. Es macht sogar Spaß. *»Singe mehr, das hat dir dein*

Ex-Freund auch schon oft gesagt, dass du da ein Talent besitzt!« Einverstanden. Es wird hier und jetzt nicht das letzte Mal gewesen sein. Versprochen!

Wie ein kleines Kind zieht es mich im nächsten Moment neugierig in den vorderen Teil der Kirche und ich schaue mir die Aufbauten dort an. Vor dem Glaskasten mit der aufgebahrten Jesus-Figur und seinen filigranen Blumenverzierungen drumherum knie ich nieder.

Meine Hände kleben an der Glasscheibe und meine Nase drückt sich daran platt. Mein gelber Freund ist da drinnen. Das Glas ist warm. Das Wasser dahinter auch. Es blubbert da oben und macht, dass Sauerstoff ins Wasser kommt, hat Papa gesagt. Sauerstoff ist auch Luft für die Fische. Dann können sie besser atmen und bleiben gesund. Meine Augen drücken so. Ich bin traurig. Mein Hals ist innendrin ganz dick. Ich kann nicht schlucken. In mir sticht es, da in der Mitte. Und mein Bauch fühlt sich ganz komisch an. So schwer. Dort oben schwimmt er. Benjamin. Mein Freund. Aber er bewegt sich nicht mehr. Atmet er noch? »Nein, Liebes.« Er macht nicht mehr diese Maulbewegung. Diese Auf-und-Zu-Bewegung. Er liegt einfach da. Ist er jetzt tot? Ich fange an zu weinen. Ich verstehe das nicht. Was bedeutet das? Vorhin ist er doch noch um die Wasserblumen herumgeschwommen.

Dann wusste ich, dass mein lieber Goldfisch sich nie mehr bewegen würde. Ich glaube, ich war drei Jahre alt.

Erstaunt von diesen Bildern zucke ich von der Glasscheibe zurück. Was mein Unterbewusstsein doch alles nach so langer Zeit offenbart? An was ich mich plötzlich erinnere? Nein, meine Hände berühren selbstverständlich nichts und meine Nasenspitze drückt sich auch nicht an die Scheibe. In dem Glaskasten vor mir befinden sich heute auch kein Wasser und kein Benjamin, sondern Jesus. Ich bin wirklich gerührt von dieser Erinnerung.

Mein Denker schaltet sich direkt ein und lässt nicht locker. Sogleich spult es in mir weiter: Wie kann man nur einen Menschen an einem Kreuz festnageln? Was muss in einem vorgehen, um den Mut zu haben, diesen Hammer zu schlagen, der die Nägel durch die blass-beigen Hand- und Fußgelenke eines noch lebenden Menschen bohrt? Das ist doch echt krass! Vielleicht ist es auch gar kein Mut, sondern Zwang? Oder ist es Angst, die einen antreibt? Aha. Angehalten von anderen, entweder das zu tun, was von einem verlangt wird, oder selbst eine Strafe, vielleicht die gleiche, zu erhalten? Na, jedenfalls möchte ich in so einem Augenblick weder der Jesus noch der vor ihm stehende Täter sein, dem zaghaft ein »Herr, vergib mir!« leise entströmt.

Im nächsten Moment werde ich jedoch erinnert und besinne mich zurück, wo genau ich mich gerade befinde. *»Es ist Zeit zu gehen, um die ›Fünf vor‹ einzuhalten.«* Ich schaue mich um und es braucht eine kurze Weile, um mich wieder zu sammeln. Ich nicke und verlasse nachdenklich den Kirchenraum.

Durchtränkt von diesen Gedanken und Gefühlen von soeben gelange ich irgendwie zurück in den Zendo und sitze, fast von mir selbst unbemerkt, wieder auf meinem Kissen. Es arbeitet in mir nach und ich lasse es zu. Auch heute durchwirbelt Lars' abendlicher Super-Gong meine Körperzellen. Welche Erlebnisse das heute waren!

Zurück auf unserem Zimmer dusche ich im Eiltempo den gesamten Tag mit all seinen Färbungen von mir ab und falle um zwanzig nach neun komatös ins Bett. Ich schlafe wie ein Stein.

TALER, TALER, DU MUSST WANDERN

Von dem einen Ort zum andern.
Das ist schön, das ist schön,
Taler, lass dich nur nicht seh'n!

– Tag 3 –

Klock – klock – klock. Die Nacht ist vorbei. Es ist tatsächlich wieder fünf Uhr – wie jeden Morgen um diese Zeit. Ich fühle mich wie Gott in Deutschland. Mann, habe ich gut geschlafen! Ich bin fit wie ein Turnschuh. Mit Leichtigkeit stehe ich auf. Es ist interessant, wie der Körper sich so rasch umstellt. Meine Knieschmerzen spüre ich im Moment nicht. Meinem Rücken geht es heute früh eindeutig besser. Ich hüpfe ins Bad und vollziehe meine Katzenwäsche. *»Na? Die ›Fünf vor‹ fest im Blick?«* Nein, heute wird es sogar ›zehn vor‹!

Ich starte als eine der Ersten mit meiner körperzellaktivierenden Sauerstoff-Zufuhr. Zehn Minuten später gibt Gabi den eigentlichen Start-Klack. Spätestens jetzt bilden alle einhundertzwanzig Teilnehmer die schon gewohnte Spirale. Ich gehe bewusst. Schritt für Schritt. Wie gut gerade die mitgeschleppten Textilschichten um mich herum tun. Auch Wollmütze und Handschuhe finden heute ihren Einsatz. Dieser Ballast im Koffer hat sich auf jeden Fall für mich gelohnt. Einatmen – ausatmen. Ich passe mich dem Tempo hier und da an und gehe nicht mehr mit meinem Kopf durch die virtuelle Wand. Einatmen – ausatmen. Schritt für Schritt. *»Und was ist mit der ›Schlaftablette‹ hier vor dir?«* Nee, die stört mich nicht mehr. Ich umgehe sie einfach. Ich lasse sie so, wie sie ist – in ihrem eigenen Tempo. *»Großartig!«* Einatmen – ausatmen. Fast fühlt es sich wie Schweben an, jeden einzelnen Fußabdruck so bewusst zu erleben. Ein »Kikerikiiiii!« reißt mich aus meinem Spüren und jetzigen Sein heraus. Still giggele ich und kontere: ha, Erster! Du langsamer Gockel. Wohl noch nicht wachgeworden von Lars' Holzwecker? Na, dann wird's jetzt aber höchste Eisenbahn. Denn ich bin schon seit vierzig Minuten wach und genieße den Tag. Du Spätzünder! Schmunzelnd beobachte ich meine eigenen Gedanken, meinen Bewerter, ja, mein Ego und nehme sie alle bewusst wahr. Alles ist gut so. Ich weiß. Es gleicht alles einer gewissen Situationskomik in diesem Moment. Ich gehe. Und schon wieder ein Gedanke. Es ist einfach genial, hier so früh am Morgen im Kreis zu wandern. Die frische Luft zu atmen und die Bewegung in jeder Körperzelle zu spüren. Das Vogelgezwitscher um mich herum und erleben, wie es so langsam Tag wird. Sauerstoff – Bewegung – Spüren pur. Na, wofür braucht es da überhaupt noch Sex? *»Nun, jetzt halt mal die Bälle flach! Grundsätzlich gefällt dir ja das Thema, aber hier und jetzt genießt du eine andere wunderbare Erfahrung.«* Ich bewerte und entscheide, dass das hier morgens eines der täglichen Highlights ist. Ja, daran glaube ich. Und was ist überhaupt Uhrzeit? Was bedeutet ›früh‹ und was ›spät‹? Sind es nicht alles nur Ergebnisse, Projektionen und Konditionierungen meiner eigenen Gedankenwelt? Ich fange an, zu begreifen und hautnah zu erfahren. *»Es ist nie zu spät!«*

Der Tag nimmt seinen Lauf. Ha-Jo bietet mir an, auf die Gartenarbeit zu verzichten, wenn ich ›Rücken‹ habe.

»Nö, ich feg einfach ein wenig Laub zusammen. Das kann ich auch im Stehen erledigen. Danke, Ha-Jo, das ist lieb von dir.«

Heute regnet es nicht. Die Frühlingssonne lupft wärmend zwischen den Wolken hervor. Wie schön. Sie krault mich warm und der Vormittag vergeht.

Das heutige Mittagessen: Leckeres Gemüse. Mit Zucchini-Stücken und so. Ich liebe ja Gemüse und erst recht dieses. Alle beisammensitzend, laden wir uns unsere Teller voll. Ich bin wieder so richtig hungrig vom gesamten Vormittag. Davon innerlich angetrieben peilt mein Auge ein zauberhaftes Zucchini-Stück in der Porzellanschale an. *»Ruth, sei nicht so gierig! Und mach den Teller nicht so voll! Man kann nachnehmen.«* Doch überhöre ich diese innerliche Warnung – im Übrigen derselbe Hinweis wie der aus Kindertagen von meiner Mutter. Mein Hunger steuert mich zu sehr. Bin ich schon unterzuckert? Ich setze mit dem großen Löffel an. Fast schafft es Zucchini auch auf meinen Teller. Doch leider war ich eine Hundertstelsekunde unachtsam und eben getrieben von mir selbst, so dass dieses Stück von der Erdanziehungskraft vereinnahmt wird. Verflixt und zugenäht! Es entscheidet sich, den folgenden Plumpsweg einzuschlagen und es ist mir, als könne ich im Zeitlupenmodus zusehen: Zucchini tangiert kurz meinen Tellerrand, hüpft auf die Tischplatte daneben unterhalb, nimmt nochmal Anlauf und wandert dann abwärts. Mist, Mist und nochmal Mist! Wie peinlich. Nicht, dass es direkt auf den Speisesaalboden fallen würde. Nein, es brüllt »Deeenkste!«, denn dieses doch sehr eigenwillige, freche Stück winkt noch Rafaels Hose zu und wischt sich mal fett seine Finger an ihr ab. Wozu sind Hosen denn auch da?, scheint es zu kontern. Aus einer anderen Ecke in mir brüllt es »Alaaarm!« und ich kann dem Schauspiel nur noch ohnmächtig zusehen. Denn es trifft saftig auf dem Holzboden unterhalb Rafaels Stuhl auf und verteilt im Radius von rund zwanzig Zentimetern die Spritzspuren seines Einschlaglochs. Na, super! Die Tischgemeinschaft schweigt und wartet, denn ihre Teller sind bereits duftend gefüllt. Rafael schmunzelt und gibt mir wortlos zu verstehen, dass das mit der Hose nicht tragisch sei. Es ist ja eigentlich auch kaum etwas zu sehen. Als würde er mir ›Wofür gibt es Waschmaschinen?‹ gedanklich zurufen, nickt er besänftigend. Mit hochrotem Kopf muss ich gerade zügig entscheiden. Was soll ich tun? Die anderen warten doch auf mich und ich mag es nicht, wenn sie meinetwegen noch innehalten. Sie haben es wahrscheinlich alle mitbekommen. Scham steigt in mir auf, aber ich drücke sie weg. Rasch bücke ich mich, um den Gemüse-Irrläufer vom Boden unterhalb Rafaels Füße aufzuheben. Ästhetisch unsichtbar in Papierservietten eingehüllt, parke ich die Mist-Zucchini neben den Pfeffer- und Salzstreuern vor mir. Gut, das ist geschafft. Fertig und jetzt los! Mein Magen jault vor Hunger und ich will die Geduld der anderen nicht überstrapazieren. Die Gabel-zu-Mund-Bewegungen beginnen endlich. Meine Scham hält noch an. Was meine Tischnachbarn wohl denken? *»Nun, der eine oder andere wird innerlich geschmunzelt haben, wie unachtsam du warst. Aber letztlich ist es jetzt auch völlig egal. So einen Fehler kann man immer korrigieren, erst recht verzeihen.«* Ja, es ist vorbei und vergangen. *»So ist es.«* Jedenfalls hat es mich doch wieder mal etwas gelehrt: Achtsamkeit und Gier. Interessant ist, wie mich Hunger steuert. Nun, Schwamm drüber!

Ich mache im Übrigen noch eine weitere Erfahrung: Ich bin nie allein. Denn heute gesellt sich nach dem Abschluss-Klack Sandy vom ersten Abend mit ihrem ebenso noch halb gefüllten Teller zu mir. Hey, das ist ja super! Ab sofort bilden wir zwei eine neue Gemeinschaft: den Club der Schneckentempo-Esserinnen. Wir grinsen und glucksen leise in uns hinein. ›Ja zum Langsam-Essen!‹, nickt uns unsere innere Fangemeinde an Verdauungsorganen gegenseitig zu. Ich stehe dazu, in manchen Dingen bin ich einfach langsamer. *»Genau das ist richtig, so wie es ist. Weg mit dem Glaubenssatz ›Wer rastet, der rostet‹! Erst recht nicht beim Essen!«* Mir wird bewusst, wie mich bisher genau dieser Glaube in meinem Leben konditioniert hat. Wer rastet, der rostet. Anscheinend bis heute von mir selbst gehetzt, getrieben von anderen – innerlichen wie äußerlichen Dingen. *»Hier im Zentrum machst du gerade genau das Gegenteil. Du erlaubst dir, zu rasten und in dich zu gehen!«* Und was soll ich sagen? Ich roste dabei keinesfalls, denn ganz das Gegenteil ist auch eine Wahrheit: Auf allen Ebenen meines Daseins werde ich wie in einer Waschmaschine durchgerüttelt. Einmal das Komplett-Programm. Hier setzt mal so was von kein Rost an. Wie gut das alles tut. Ich freue mich und bin dankbar für mein Geschenk an mich selbst. *»›Gut Ding will Weile haben‹?«* Ja, so langsam aber stetig wird das meine passendere Devise. *»Du erlaubst es dir einfach und ›der stete Tropfen höhlt auch bei dir den Stein‹.«* Immer mehr begreife ich, welche *Glauben* ich bisher gedacht habe, welche Glaubenssätze, Überzeugungen mich stark unbewusst geprägt haben, ich für wahr hielt und wie kolossal sie mich in meinem Verhalten der letzten Jahre beeinflussten. Ja, natürlich sind es teils Sprichwörter oder gar Volksweisheiten. Manchmal plappert man sie so daher. Mal unüberlegt, mal reflektierter. Sie kommen einem leicht über die Lippe. Sie sind halt im Sprachgebrauch. Auch in meinem Sprachgebrauch. Aber manche sind durchaus gehaltvoll und haben ihre Wirkung! Auch in mir.

Von diesem lehrreichen Mittagessen zurück im Umkleideraum beginnt mein Radiomoderator erneut: back to the Seventies!, heute für unsere ganz besondere Zuhörerin, der Song ›Daddy Cook‹. Viel Spaß dabei! Schon beginnt es, in mir zu summen und ich kann es nicht mehr aufhalten. Ich atme tief durch. Momentchen mal, was geht denn jetzt ab? Ich versuche, mich zu sortieren. Erstens: Ich war noch nie Boney M.-Fan! *»Vielleicht doch? Früher?«* Und zweitens werde ich es auch nie sein! Also, was soll mir dieses Lied sagen? Grinsend lege ich es noch in dieser Sekunde ad acta, bevor es zum Ohrwurm mutiert. Mein Gehirn, ich weiß nicht genau welcher Teil davon, scheint mir einen Streich spielen zu wollen. Ich lasse los und freue mich sogar über diese wortwitzige Wahrnehmung.

Es ist halb drei und eine für mich harte Tages-Etappe steht bevor: vierzig Minuten Sitzen, ein Kinhin und erneutes vierzigminütiges Sitzen. Die Übung von Ramona gelingt mir mal besser und mal schlechter. Soeben eher schlechter. Ich kriege jedenfalls den totalen Hals. Mir wächst der Kamm. Mir wird warm, denn mein privater innerlicher Elektro-Backofen qualmt hinter allen Gummiabdichtungen seiner Öffnungsluke hervor. Mein Ego steigert sich immer weiter hinein. Ich habe konkret krass ›Rücken‹! Verstanden? Von Minute zu Minute werde ich wütender. Einatmen – ausatmen. Gibt's hier denn keinen Trainingsraum mit Boxsack, an dem ich mich abreagieren könnte? Einatmen – ausatmen. Mein Rücken! Verdammt nochmal, können diese Schmerzen nicht einfach verschwinden? Wenn das so weiter geht, raste ich vollends aus! *»Aha, ist das also eine Drohung an dich selbst?«* Etwas durchzuckt mich. Einatmen – ausatmen. Aber es geht in mir weiter: und dann auch noch dieses Geröchel, Geschnupfe und Gehuste von den anderen Teilnehmern. Das lenkt mich ab! Einatmen – ausatmen. Schon wieder einer. Und dass der sich auch noch so laut die Nase putzen muss. Oh Mann! Ist jetzt hier mal Ruhe im Busch? Ich fange an, die Meckerbacke in mir zu beobachten. Kann der nicht ein wenig mehr Rücksicht nehmen? Ja, der! Ja, genau du! Dich meine ich. Du überschreitest gerade meine Grenzen. Genauso wie der dort hinten an der

Wand, der wohl heute Morgen im Parfüm oder Aftershave gebadet hat? In der Info-Mappe stand doch geschrieben: Du sollst kein Parfüm benutzen! Eines der Gebote. Stand es bei dir vielleicht in einer anderen Sprache geschrieben? Auf Chinesisch? Einatmen – ausatmen. Der persönliche Zenit meines Egos scheint wahrhaftig überschritten. Von Sekunde zu Sekunde werde ich wütender und es erinnert mich das zweite Mal in meinem Leben an einen wichtigen Zusammenhang: Seit nunmehr bald zwei Tagen habe ich tagsüber wenig Zucker zu mir genommen. Und was kocht tatsächlich mal wieder in mir hoch? *»Die Wut – Ruth!«* Klar doch, das hatte ich ganz vergessen. Augenblicklich wird es wieder fühlbar. Keine oder wenig Schokolade, keine ›Gummibärchen & Co.‹. Diese Erfahrung machte ich schon einmal. Das hatte mir das damalige Gespräch mit der ernährungsbewussten Yoga-Katrin klar gemacht. Wut – Süße – Zucker – Leber. Zucker als Spür-Ersatz. Es deckelt mir für eine Weile meine unangenehmen Gefühle. Es übertüncht mir eine Zeitlang eine ursächliche Emotion – in diesem Fall meine Wut – und produziert in mir durch den Zucker ein Ersatzgefühl, ein Wohlbefinden, wie das der ›Liebe‹, dem ›Sich-geliebt-Fühlen‹ oder einfach dem ›Es-ist-doch-eigentlich-alles-in-Ordnung-Gefühl‹. Das beruhigt mich innerlich irgendwie und lenkt halt ordentlich von der eigentlichen Wut ab. Dann die Leber. Jaja, der Sitz der Uraggressionen. Aber auch die Galle ist im Moment starker Mitspieler in meinem persönlichen Rugby-Theater. Und die läuft mir gerade gewaltig über. So ein verdammter Mist! Einatmen – ausatmen.

Was mache ich hier eigentlich? Und das will ich mir in zwei Wochen nochmal für einen dreiwöchigen Langzeitaufenthalt antun? Drei Wochen? Einatmen – ausatmen. Na, herzlichen Glückwunsch zu dieser selten idiotischen Entscheidung! Einatmen – ausatmen. Mein Ego versucht mich zusammenzustauchen. Es wehrt sich. Für einen kurzen Moment werde ich immer kleiner und meine Körperhaltung wirkt noch gebückter. Vielleicht lasse ich mich ja weichklopfen, tauche gleich in den Parkettboden vor mir ein und stecke meinen Kopf in den darunter liegenden Sand? *»Nein, Ruthi, dazu lässt du es nicht kommen.«* Stimmt, das entscheide immerhin noch ich selbst. Soeben fühle ich mich von einer anderen Seite in mir bestätigt. Zugleich dringt ein wunderbarer Duft in den Zendo und er erinnert mich – wieder im Jetzt angekommen – an unsere nächste Mahlzeit, unser Abendessen. Ein letzter Klack dann und wir verlassen den Saal.

Meine Nase folgt dem wohligen Aroma von frischgebackenem Brot. Gespannt wie ein kleines Kind biege ich um die Ecke des Speisesaals.

Was der Chanukka-Mann uns diesmal hinterlassen hat? Chanukkaaa! Unser Lichterfest. Oder war es der Weihnachtsmann? Ich hüpfe fröhlich die Treppe hinunter, vorbei an Papas handgemaltem, durchgestrichenem Elefanten auf dem Zettel. Heute darf ich, glaube ich, lauter die Stufen herunterspringen. Ich zähle: eins, zwei … und mein Zeigefinger tippt die acht Geschenke am Treppengeländer an. Mama und Papa haben sie mit Geschenkband an den Stangen festgemacht. Es sind wieder große und kleine – für jeden

Abend und jedes Licht eins. Und jeden Abend eine Kerze am Chanukka-Leuchter anzünden. Chanukka ist ein tolles Fest. Und das feiern meine Familie und ich acht Tage lang. Ich habe Herzklopfen und mir ist warm. Ich renne zu meinen Eltern auf der Couch und von meinem Schwung plumpsen sie fast herunter. Sie lachen und umarmen mich.

Manchmal besuchen wir auch die andere Oma, die in Duisburg. Da feiern wir dann sogar beides: Chanukka und Weihnachten. Da kriegen wir dann nochmal Geschenke. Toll, oder?

Ja, so war das und meine damaligen Freunde waren, was zumindest das anging, immer neidisch.

Heute sind es die Küchenfeen, die schon große und kleine gefüllte Schalen auf den Tischen platziert haben. Die Teelichter brennen bereits. Auch wir haben Lichterfest. Steffen von rechts nebenan bereitet sich anscheinend seelisch und moralisch auf sein Brot mit dem speichelflussanregenden und gut riechenden Aufstrich vor.

Nachdem wir sitzen, starten wir. Auch mir läuft das Wasser im Mund zusammen. Wir haben wahrscheinlich alle gerade Magenknurren. Geistige Arbeit oder eben das, was mit uns hier geschieht, macht heftig hungrig. Noch vorsichtig streicht sich Steffen seine cremige Auflage auf die ballaststoffhaltige Mehrkornscheibe. Einfach genial genüsslich!, höre ich entweder meinen oder seinen Gaumen brüllen. Ich weiß es nicht. Steffen setzt jedenfalls an und will diesen Schmaus an seinen Mund heranführen und herzhaft hineinbeißen. Doch das geht mal so was von schief. Gefundenes Fressen für meinen inneren

Moderator, denn schon beginnt er: Herzlichen Glückwunsch! Applaus – Applaus – Applaus! Treffer! Versenkt! Der Kandidat erhält hundert Gummipunkte! Denn sein Brot schmiert ab! Ich nehme wahr und übe mich darin, ernst zu bleiben bei all dem Gesabbel in mir. Das ist kein Krümel mehr, das ist ein Krum! Mein innerlicher Kommentator lacht sich gerade regelrecht schlapp. Denn Krum geht auf Wanderschaft und tangiert auf dem Weg nach unten Steffens blauen Wollpulli und seine Hose. Fast höre ich Krum von unten hochschreien: »Ich-bin-aaangeeekooommeeen!« Dann markiert er noch fein säuberlich und großflächig auch hier den Fußboden, damit es sich mal so richtig saftig gelohnt hat. Ich weiß nicht, ob es Steffen unangenehm ist. ›You Are Not Alone!‹, ›Du bist nicht allein!‹, tröstet ihn jedenfalls soeben der Michael Jackson mit diesem Song in mir. Diesmal hatte mein Nachbar einen unachtsamen Moment. *»Vielleicht war es auch ein gieriger?«* Klar kann ich ihn verstehen. Das ist eben auch alles so kulinarisch. Ich schmunzle. Tja, hier ist wohl jeder an diesem Tisch mal an der Reihe. Helfend reiche ich Steffen die Papierservietten, mit denen er alles säubert und Krum jenseits seines Tellers verbannt.

Der nach dem Essen von Ramona angebotene Dokusan rettet mich über den restlichen Abend hinweg. Behutsam lege ich meine gelbe Karte wieder zurecht. Zügig komme ich dran. Immerhin sitzen mit mir einhundertneunzehn andere Paddler im Zendo-Boot. Die wollen zwar nicht alle zu Ramona. Aber lass es ein Drittel, Viertel oder Fünftel sein.

Lars macht hier jedenfalls einen Super-Job. Er kümmert sich absolut zuverlässig um die Zuteilung der Zazen-Übenden auf die drei Lehrer. Das ist sicherlich gar nicht so einfach, sich die Reihenfolge zu merken, wer wann welches Kärtchen gezückt hat. Mentaltraining für ›umme‹. Chapeau! Ich ziehe meinen Hut vor dieser Aufgabe.

Glücklich sitze ich vor Ramona und unterdrücke wieder ein Wippen, das eigentlich gerade weiter gefühlt und ausgelebt werden möchte. »Ruth, wie geht es dir heute?«

Mein Ego, eigentlich fast alles in mir, prescht vor und es bricht förmlich aus mir heraus. »Ramona, ganz ehrlich: Ich bin kurz vorm Ausrasten. Ich fühle mich wie ein kleines Kind, das um sich treten und schlagen möchte. Meine aufgestaute, anscheinend sehr lange heruntergeschluckte Wut will irgendwie aus mir heraus.«

»Woher kommt die genau?«

»Du, im Moment habe ich keine Ahnung. Ich bräuchte jedenfalls mal eine Autofahrt. Allein. In diesem Faraday'schen Käfig könnte ich so alles aus mir herausbrüllen und mich entladen. Nur ich für mich.« *»Klar, ohne dass ein virtueller Beifahrer doch noch vom Ruth-Blitz getroffen oder ihm seine Ohren wegfliegen und er zum nächsten Tinnitus-Patienten mutieren würde.«* »Einen Boxsack oder einen kompletten Boxring hier zu haben, das wäre cool.«

Sie lacht und mein inneres Gebrabbel samt Kinofilm geht weiter. Ja, da würde mein Rocky-Spiegel gar nicht mehr nach seiner geliebten Adrian brüllen, die er vermisst. Ich würde ihm so was von die Fresse polieren, dass es sich gelohnt hätte! Der würde sich nie wieder sehen lassen. Ist das eigentlich gerade mein Ego, das da spricht? Ich besinne mich. Alter Schwede, wie bin ich denn drauf?

Ramona versteht jedenfalls und empfiehlt mir, genau das zu tun. Brüllen und nicht Boxen. »Ruth, geh in den Wald hinein. Der Weg dorthin ist gleich hinterm Forsthaus rechts hoch. Dort beginnt er.«

»Danke Ramona, für diesen guten Tipp!« Ich verlasse den Raum. Ein ›Juhuuu!‹ durchströmt mich in voller Vorfreude in jeder Körperzelle meines Selbst. Na, das braucht man mir nicht zweimal zu sagen. Ab morgen geht's hinaus in den Wald. Dann wird gebrüllt. Denn für heute bin ich fix und foxi und die Wut darf mit ihrer Befreiung noch diese eine Nacht warten. Ich bin wirklich und einfach nur durch.

Übrigens ertappe ich, oder doch meine innere Freundin, mich dabei, wie sich meine Prioritäten bei der Körperpflege verändern. Fußnägel heute Abend noch lackieren? *»Heute nicht mehr.«* Ja, was für eine verrückte Idee, geht's noch? Ich pflichte bei und hadere dennoch. Aber wofür habe ich den Nagellack eigentlich eingepackt? *»Wem willst du denn hier imponieren mit dem blauen Glitzer an deinen Zehen?«* Okay, Ästhetik hin oder her. Ich gebe vor Müdigkeit nach. Dennoch lässt es in mir noch nicht ganz locker. Nächster Punkt: Augenbrauen zupfen? So langsam wird es auch mal wieder Zeit. *»Wer sagt denn das? Nein, erst recht heute auch nicht mehr! Wen interessiert es hier außerdem?«* Vielleicht mein Ego? *»Nein, Ruthi, keinen!«* Stimmt. Und Duschen? Ja, auf jeden Fall! Da lasse ich mich erst gar nicht auf weitere gedankliche Diskussionen ein. Rauf mit dem warmen Wasser und runter mit dem Tag. Meine Muskeln, Knochen und Sehnen werden sich für so viel äußerliche Zuneigung bedanken.

Die Wassertropfen rieseln über meine geschlossenen Augen. Oh, tut das gut. Was ist in diesen Tagen eigentlich mit den Männern und ihren Egos um mich und in ihnen herum so los? Haben die etwa eine ähnliche Prioritätenverteilung? Ist Ego eigentlich Geltungsbedürfnis oder Gefallsucht? Mir selbst oder den anderen? Was geht in den Männern derzeit vor? Rasieren? Och nee, heute nicht mehr. Und die Ohrhärchen? Welche Ohrhärchen? Ich spüre keine, erst recht kann ich sie ja nicht sehen. Und um die Ecke gucken kann ich schon gar nicht! Was ist mit den einzelnen, längeren Augenbrauenhärchen, die so eigenwillig und kreativ quer daher wachsen? Wie kann man die denn nicht sehen? Lesebrille gefällig? Nahaufnahme? Und die Nasenhärchen? Sag mal, hast du Knöppe auf den Augen? Nee, ich will da heute gar nicht hinschauen. Ist mir doch egal! Das, was ich im Spiegel sehe, gefällt mir sowieso gerade nicht. Für heute ist da kein Bedarf. Den Nasenhaarschneider hätte ich wirklich zu Hause lassen können. Ich giggele über diesen virtuellen Dialog.

Ja, wir Zazen-Übende hier sind alle so mit dem Fingerdeuten auf uns selbst, unserem Ego und unseren Krümeln beschäftigt und zudem so was von erledigt, dass Mann und Frau die vorherrschende freie Zeit hauptsächlich fürs Ausruhen nutzen. *»Du wirst hier eben vorübergehend zum Neutrum. Und es geht endlich mal nur um dich selbst. Einzig und ausschließlich!«*

ES GEHT EINE ZIPFELMÜTZ'

In unser'm Kreis herum.
Sie rüttelt sich, sie schüttelt sich,
sie wirft die Beine hinter sich,
sie klatschen in die Hand,
wir beide sind verwandt.

– Tag 4 –

Ich schlafe unruhig und schlecht, träume und fühle konfuses Zeug. Thorsten, der mit den beiden Tattoos, war auch auf meiner nächtlichen Showbühne.

Lars kloppt sich mit seinem Holzwecker heute anscheinend für mich extra lang die Finger wund. *»Aufstehen!«* Nein, ich will nicht. Nicht heute. Ich will noch liegen bleiben und lunze unter meiner imaginären Schlafmütze hervor, die jetzt vielleicht doch helfen könnte, nicht gesehen zu werden und im Moment nicht nach außen schauen zu müssen. Dann würde ich mich von meinem Selbst nicht ertappt fühlen. Oder doch? Ich schaue zu Angela hinüber. Die schläft tief und fest und träumt wohl noch in Ruhe zu Ende. *»Wie geht es dir?«* Ehrlich? Bescheiden! Mein Rücken tut weh, ich habe eine Detschbirne und mal fette Halsschmerzen. Korrekt! Ich schiebe gerade einen verdammt dicken Hals, der mir förmlich überquillt. Ich bin wütend. *»Auf was eigentlich?«* Gute Frage. Auf mich selbst? Vielleicht auch noch auf Anderes? Das ist alles total ätzend hier! Und dann auch noch Schnupfen! Den ganzen Winter über komme ich ohne Erkältung und Halsschmerz aus. Nun ereilt mich hier beides? Ich glaub's ja nicht. Doch erkenne ich den Ansatz des Lichtblicks. Tja, der Schnupfen. Auch ich scheine so langsam die Nase von etwas voll zu haben. Oder ist es mein Ego? Auch aus mir möchte also etwas heraus, wie bei den anderen, die schon seit vorgestern am Röcheln und Tröten sind. Natürliche Reinigung ebenso von innen. Ist es das, was Siggi meinte? Es macht etwas mit uns? Es setzt anscheinend Prozesse, auch körperliche Prozesse in Gang? *»Richtig erkannt.«* Na, das ist ja wohl der Hammer. Gerade fange ich an, weiter zu begreifen. Zugleich kommt mir Bob in den Sinn. Das clever' Kerlchen hatte sich seine Rückenschmerzen hier im Kontemplationskurs, in dem auch viel meditiert wurde, mal eben mit einem schulmedizinischen Mittelchen wegbetäubt. So ganz einfach gedopt. Das geht doch nicht! *»Aha! Wieso denn nicht?«* Soeben finde ich mich im strengen Ich wieder. *»Richtig!«* Wir sind schließlich hier, um dem Schmerz vollends zu begegnen und ihn auszuhalten. *»Wirklich?«* Alles gänzlich zu durchleben, die guten und die weniger angenehmen Seiten. Nur die Harten kommen in den Garten! Weißte ja. *»Wie bitte?«* Spätestens jetzt merke ich, wie ich wieder verurteilt und bewertet habe. Für eine Hundertstelsekunde glaube ich daran, dass ich im Recht bin. Doch dann schiebe ich diesen Glaubenssatz beiseite. Ich erkenne und erfahre. *»Ruth, jetzt mal halblang. Komm herunter, beruhige dich! Erkenne, dass du keinen Deut besser und auch keinen Deut schlechter bist als Bob.«* Ich spüre diesen Worten nach und versuche in mir zu entdecken, ob sie für mich wahr sind. Sodann fälle ich mein Urteil – und zwar neu: Ja!, und wie wahr die sind! Mit einem Mal greife ich zu meinen homöopathischen Globuli und ein bis zwei der jeweiligen Sorte kullern so nach und nach in mich hinein. Sie kitzeln auf meiner Zungenoberfläche, bevor sie verspeichelt in mir auf Weiterreise gehen. *»Ja, Liebes, es ist in Ordnung so!«* Ich erlaube mir und meinem Körper zwar die Reaktionen und Schmerzen zu spüren. Doch genehmige ich mir jetzt bewusst eine Pause davon. Grinsend toaste ich meiner inneren Ermunterin und auch Bob in der Ferne mit den Globuli-Fläschchen zu. *Le Chaim!* Prost! Und Ego, du hältst für den Moment mal besser die Klappe! Um eine Erkenntnis reicher kann ich Bob heute erst gut verstehen.

Es ist erneut ›fünf vor Kakao‹ und meine Taschentuch-Packung gehört heute nur mir und zu meiner Überlebensausstattung. Manometer! Das hat mich ganz schön erwischt. Es arbeitet in mir und draußen ist es eiskalt: vier Grad Celsius, gefühlte minus vier. Ich gehe. Schritt für Schritt. Einatmen – ausatmen. Verdammter Mist! Jetzt leg ich wirklich nochmal einen Zahn zu. Dann wird mir vielleicht doch schneller warm. *»Wer's glaubt, wird selig!«* Ich habe das genau gehört! Soll es mich provozieren? Mann, bin ich froh über meine wärmenden Klamottenschichten. Von wegen Ballast. *»Ballast kann auch gut sein!«* Ich gehe weiter. Einatmen – ausatmen. Meine Gedankenfunken von soeben werden noch klarer und es mündet in Gewissheit. Tröten und Schnüffeln nicht nur bei mir, sondern eigentlich auch bei allen anderen.

Tatsächlich! Dieser Gedankenballast zeigt sich nun auch über körperliche Zipperlein. Ist es eigentlich Gedankenmüll? Entsorgung von alten Glaubenssätzen, alten Prägungen und Überzeugungen, die für mich nicht mehr wahr sind? Entsorgung über den Körper als Ventil? Krankheit als Ventil, damit etwas in mir Aufmerksamkeit erhält? Dies hier gleicht dem Wirbelwind der Eitelkeiten, die jetzt so langsam aber deutlich von uns allen abfallen. Schicht für Schicht. Schritt für Schritt. Einatmen – ausatmen. Ich klatsche mir mit meiner Hand auf meine Stirn und es ist mir egal, ob das jemand mitkriegt. Was für ein Aha-Erlebnis! Unglaublich. Zwar wird mir gerade auch etwas wärmer. Dennoch bin ich für heute früh wirklich froh, wenn es hier draußen ein Ende hat. Ich will zurück ins Warme. Einen dicken Schädel habe ich, meine Nase läuft, mein Hals schmerzt beim Schlucken und ich bin einfach nur hundemüde. Und ja, verdammt nochmal, ich bin echt wütend! Da ist sie immer noch. Meine Wut im Hals. Das weiß ich. *»Kein Meckern, da gehst du jetzt durch. Es war und ist deine Entscheidung. Mitgehangen – mitgefangen! Du sitzt im selben Boot wie alle anderen hier. Lass es zu!«* Fast fällt es mir schwer, es zuzulassen. Aber ich kann es sowieso nicht verhindern. Es ist, als hätte das alles eine Eigendynamik hier. Puh, brodelt das in mir!

Gott sei Dank. Der Zendo ist kuschelig warm. Die ersten Töne des morgendlich beginnenden ›A‹ wollen bei den meisten von uns noch nicht so richtig heraus. In meinem müden Geist beginnt ein nächster Film.

»AAAAAAA!«

»Ja, ihre Tochter hat eine deftige Angina«, bemerkt der Doktor. Ich bin froh, als er dieses lange Holzblättchen nicht mehr bis zum Anschlag da hinten an meine Gurgel drückt. Warum immer bis dahinten dran? Ich verstehe das nicht.

Dann die nächste Szene. Ein paar Monate später. »Ruuuthiii, mach mal ›AAAAAAA‹!« Ich befolge, ohne zu wissen, was mich jetzt genau erwartet.

Ich hole Luft. »AAAAAAA« und schließe für einen kurzen Moment die Augen. Etwas kleines Warmes berührt mich dann überraschend tief hinten in meinem Rachen. Ich huste und verschlucke mich. Irritiert schaue ich sie mit großen Augen an. »Warum steckst du mir denn deinen Finger in meinen Hals?«, krächze ich meine kleine Schwester an.

»Weil ich dir doch deinen Zipfel zeigen wollte. Guck, da ist er!« Sie scheint stolz wie Oskar zu sein und wippt auf ihren Zehenspitzen vor mir auf und ab. Diese kleine Zwergin freut sich riesig und staunt immer noch über ihre eigene, neue Entdeckung.

Im Hier und Jetzt ist es ein Gekrächze aus allen Richtungen. *»Aber, Ruth, für diesen Moment sind es nur deine gespürten Halsschmerzen und der Schnupfen. Nicht mehr und nicht weniger. Bleibe also weiter bei dir. Und mach aus der Mücke keinen Egofanten! Weg mit den Gedanken!«* Ja, ich weiß, das habe ich doch längst durchschaut. Aber ich bin echt platt, auch wenn ich beobachte und staune. Bevor ich loslege, räuspere ich mich jedoch nochmals. Zugleich steigt in mir ein herzhafter Lacher auf, als ich final dieses Hust-, Schnauf-, Röchel- und Tröt-Konzert um mich herum realisiere. Das ist sensationell. Schmunzelnd töne ich mit und der heute schräg klingende Chor versüßt mir diesen morgendlichen Beginn.

Die erste Vierziger-Runde. Ich versuche mich in meiner Übung. Einatmen – ausatmen. Der Tag kann kommen und der Wald erst recht. Ein Wald ist für den Anfang erst mal genug. Einatmen – ausatmen. Lass mich nur wieder Kanten schneiden. Dann bist du dran, du Wald. Einatmen – ausatmen. *»Armer Wald, hat er Schuld an deiner Wut?«* Naja, er wird's überleben. Einatmen – ausatmen. In mir herrscht reger Disput. Ich werde wohl tief in mich und in den Wald hineingehen, damit mich keiner hört. Einatmen – ausatmen. Außerdem geht ja Schall bekanntermaßen nach oben weg. Und der Wald liegt oberhalb des Klostergeländes. Bingo! Einatmen – ausatmen. *»Ruth, komm zurück ins Jetzt und bleibe einfach bei deiner Übung.«* Ups! Wie auch die Wut doch ablenken kann!

Kinhin. Die Fenster und Türen werden geöffnet, die frische Morgenluft durchströmt den Raum. Ich atme sie ein und trotz Kälte tut sie mir gut. Meine Blase drückt und ich beschließe, sie erneut entleeren zu gehen. Diese kleine Pause bringt nur kurze Linderung und Entspannung. Mir tut wirklich alles weh. Ich kriege im Moment weder die Rückenschmerzen noch die Verspannungen weggeatmet. Sie sind gerade meine Wahrheit. Meine Realität. Ich b i n S c h m e r z .

Auf meinem Rückweg zum Zendo-Vorraum sehe ich, wie meine Sitznachbarin Heidrun in der Ecke zu Siggis Wartebereich stehengeblieben ist. Nee, der ist gar nicht nach Tanzen zumute. Sie beugt sich nach vorne und ihre Arme baumeln gen Boden. Heidrun probiert, kopfüber sich und ihren Rücken zu entspannen. Anscheinend kommt sie ebenso an ihre Grenzen. Auch ihr Ego wehrt sich und versucht, nicht gänzlich die Kontrolle abzugeben. Vielmehr bemüht es sich, den Ton anzugeben und gewinnt diesen Kampf auch zu einem späteren Moment. Ich fackle nicht lange, stelle mich vor sie und streiche ihr ungefragt mit meinen warmen Händen vom Steiß sanft in Richtung Schultern zu Boden. Sie richtet sich auf und schaut mich an, lächelt und flüstert mir zu. »Ich kann nicht mehr!« Heidrun ist geschätzt Mitte fünfzig. Sie hat ein bezaubernd herzliches Lächeln. Ich fühle förmlich, wie es in ihr aussieht, finde mich in ihr wieder, als wäre sie eine Schwester.

»Darf ich es wiederholen?« Sie nickt, will sich erneut nach vorneüber strecken. »Bleib mal kurz aufrecht stehen und dreh dich um!« Ich dehne zusammen mit ihrer Ausatmung nun hinter ihr stehend ihre Brust-, Schulter- und Nackenmuskulatur. Zwei-, dreimal, denn dann müssen wir auch schon wieder in den Zendo hinein.

Sie umarmt mich liebevoll und ruft mir leise noch ein »Danke!« zu. Und ich entscheide in dieser Sekunde, sie nach der nächsten Session zu fragen, ob sie nochmals ausgestrichen und gedehnt werden möchte.

Zurück auf unseren Plätzen sind wir alle immer noch am Austesten: Wie sitze ich nur am besten, um die langen Etappen mit so wenig wie möglich Schmerzen zu überstehen? Meine beiden Nachbarn, Heidrun und Miguel, haben sich mittlerweile zusätzlich Holzhocker auf ihren Sitzmatten arrangiert. Diese Etappe bin ich weniger mit mir selbst als vielmehr mit meinen Gedanken an Heidrun beschäftigt. *»Es wird ihr gut tun!«* Ich freue mich darauf, sie wieder zu fragen.

Nach Klack bleibt tatsächlich noch genügend Zeit, um Heidruns Schulter- und Nackenbereich zu dehnen. Sie hilft sich und arbeitet über ihre Atmung gut mit. Merklich nimmt ihr Körper es an. »Danke, Ruth.« Sie bietet an, selbiges an mir vorzunehmen. Ich schüttle den Kopf, denn für den Moment komme ich im Vergleich zu ihr doch ganz gut klar. Außerdem weiß ich irgendwie, dass es für sie zu anstrengend wäre. Dann erfahre ich auch weshalb: Sie zeigt mir ihre Hände mit ihren stark angeschwollenen Fingern samt Gelenken und flüstert mir die Erklärung zu. Diese Krankheit, im ganzen Körper zugegen, trägt dazu bei, dass es ihr augenblicklich so schlecht geht. Besonders ihrem Rücken und Nackenbereich. »Ich kann nicht mehr!«, wiederholt sie.

Kurz durchzuckt mich ein Erinnerungsfunke. Was trägt sie nur in sich? Solche Hände habe ich schon einmal gesehen! Wann und wo war das nur? Als Kind? War es bei einem Freund oder Verwandten? Ich überlege, kriege jedoch die Details in mir gerade nicht zu fassen.

Mit einem aufmunternden ›Das-schaffst-du-schon!‹-Blick streichle ich seitlich über ihre Schultern und hoffe, dass sie durchhält. Lächelnd nicken wir uns gegenseitig ein ›Guten-Appetit!‹ zu.

EIN MÄNNLEIN STEHT IM WALDE

Ganz still und stumm,
es hat vor lauter Purpur
ein Mäntlein um.

Die Stunde der Wut-Wahrheit rückt näher. Doch vorher entblößt sich der heutige Grießbrei in mir als absolut geschmacklicher Oberknaller. Leider kann er meiner Wut nur bedingt Liebe und Ablenkung schenken. Aber immerhin entdecke ich mit ihm wieder eine neue Idee für mein zukünftiges Frühstück.

Die Rasenkanten werden heute noch leichter und kraftvoller geschnitten. Die Wut will schon jetzt heraus. Ich beobachte sie genau. Mein Ego schiebt erneut Knie und Rücken vor und flucht sogleich darüber. Dann erhalte ich innerliche Beruhigung. *»Es wird schon. Das sind alles nur Reaktionen als Folge deiner Aktionen.«* Reaktionen meines Egos in Form von Schmerzen meines Körpers? Symptome? Sind es tatsächlich Schutzfunktionen? Dann weiß ich plötzlich, dass ich diese Zipperlein hier und jetzt mal gar nicht brauche. Ego – deine Zeit ist gekommen! Und meine Zeit erst recht! Es ist Zeit, um endlich zu besinnen und zugleich aufzuräumen. Der ganze alte Kram, den ich mir die letzten Jahre oft genug betrachtet habe, darf nun weiter an die Oberfläche treten und herauskommen. Vielleicht wird der eine oder andere Teil davon auch endlich gehen. Altlasten, Glaubenssätze, Konditionierungen, Prägungen. Nein, Vieles davon war richtig. Aber einiges davon ist nicht mehr meins. Auch diese an allen Ecken meines Seins gefühlte Wut darf weichen und sich verwandeln. *»Klar! Sie darf da sein, aber sie darf auch weiterreisen und nicht mehr in dir verharren.«* Und was bedeutet überhaupt genau ›Ego‹ und was bedeutet ›Ich‹? Es ist, als würde eine Sprechblase über mir platzen und mich mit meinem eigenen Fragezeichen-Guss bedecken. Ich bin Denken und Fühlen zugleich. Okay, also Ego ist mal keinesfalls Gefühl, oder doch? Ego ist auch nicht meine innere Freundin. Ego scheint wirklich Schutz zu sein, sogar Kraft und Trieb. Selbsterhaltungstrieb? Ego ist ›Höher – schneller – weiter‹, ist Überheblichkeit, aber auch Nebel und Blindheit. Ego ist Geltungsbedürfnis und Wissensdrang. Ich spiele soeben Ping-Pong zwischen Kopf, Bauch und Herz und klappere alle Stellen in mir ab. Ja, Ego ist Verstand, ist Antreiber in Form von Gedanken. Gedanken, die mich steuern, mein Verhalten steuern. Verhalten, das mich auch mal unachtsam mir selbst, aber auch anderen gegenüber werden lässt. Aber, das ist doch auch das Leben, oder? Das ist normal! Ist Ego auch Mut oder resultiert Mut aus einem Bauchgefühl heraus? Ist ›Bauchgefühl‹ dann eher mein Ich oder eine egofreie Zone? Es scheint, dass mich das Erkennen von Ego und seinen Grenzen, die es mir zeigt, Kraft kostet. Das ermüdet, dann bin ich nur noch Gefühl und beinahe leer. Richtig? Also ist Ego selbst mal keinesfalls Müdigkeit. Die Müdigkeit ist wohl die Folge des Erkennens und Erspürens. Und Wut ist ja auch ein Gefühl. Also ist Ego doch Gefühl. Ego gibt mir also Kraft, aber es nimmt mir auch Energie. Ist es in dem Moment, wenn ich mein Bauchgefühl überhöre? Was steuert mich eigentlich? Mein Kopf, mein Bauch, ein Trieb, eine Sehnsucht oder ein Gefühl? Ego hat mich auch dorthin gebracht, wo ich heute im Leben stehe. Also ist für mich ›Ego‹ nicht nur negativ, sondern durchaus positiv belegt. Nicht wahr? *»Liebelein, es ist von jedem etwas dabei. Alles davon ist richtig. Nun auf! Du hast jetzt lange genug philosophiert. Wann gehst du endlich?«* Oh ha, stimmt. Ich nicke meiner Er-Innerin zu.

Die Stunde Gartenarbeit ist vorüber und es gleicht fast einem Sprint. Ich wähle den direkten Weg am Forsthaus vorbei in den Wald hinein. Fast fühle ich mich fremdgesteuert. Wie kraftvoll die Wut doch ist. Ich erhalte soeben einen Hauch von Gefühl, wie Wut möglicherweise blind machen kann. Ja, vielleicht sogar rasend. Eine halbe Stunde habe ich Zeit. *»Das wird ausreichen.«* Für den Moment ist hier jetzt mal nix mit Zazen-Praxis. Nix einatmen und auch nix ausatmen. Weg mit der Übung. Es muss raus! Ja, es will raus. Und ja, ich will, dass es herauskommt. Ich schaue mich um, ob ich alleine bin, bevor ich – wirklich stocksauer – noch tiefer in den Wald hineinstampfe. Meine Wangen scheinen purpurn zu glühen. Immer weiter folge ich dem Laub, den Baumstümpfen und fühle mich irgendwie dennoch von den Bäumen geleitet. Unter meinen Füßen raschelt es. Schritt für Schritt. Dann ist er da. Mein persönlicher Brüll-Platz. *»Dein PBP! Hier bist du richtig!«* Ja! Und nein, eine Nummer um anzustehen zieh ich für heute nicht mehr. Ich bin hier und jetzt dran. Keiner vor mir und keiner nach mir. Ich – mir – mein – jetzt! Ein letzter Blick prüft um mich herum, ob mich keiner für völlig durchgeknallt erklären könnte. Dann hole ich tief Luft und brülle heraus. »AAAAAAAAAAAAAAA!« und mein Oberkörper richtet sich danach wieder auf. Ob mich jemand gehört hat? Das ist mir gerade mal so was von schniepe! Ein zweiter langer Atemzug, gefolgt von einem weiteren oberhammer-elefantenmäßigen Brüller. *»Dieser war noch kräftiger als der vorherige.«* Dann mein dritter Ausschreier. Ich bin fast außer Atem. Mein Tinnitus hält das ohrenbetäubende Getöse wohl nicht mehr aus und meldet sich: Hey, das tut weh! Baby, nicht so laut, da muss ich doch glatt kräftiger piepsen. Genervt verdrehe ich die Augen. Du kannst mich mal, Tinnitus! Und dein ›Baby‹ kannst du dir sonst wo hinstecken! Drama, Baby, denk an die Handtasche! Wie bitte? Jetzt drängelt sich doch noch der Bruce Darnell in mir – Heidis Ex-Jury-Mitglied und -Laufstegtrainer für ihre angehenden Models – hervor. Ich bin Wut – durch und durch. Also, mir reicht's! Ich brauch hier weder ungefragten Senf noch Laufunterricht. Mir ist augenblicklich nicht danach, wie ich im Außen wirke. Ich habe hier sowieso schon meine eigene Showbühne und laufen kann ich bereits. Ich weiß zwar gerade nicht genau wohin, aber ich vertraue darauf, dass sich der Weg zeigen wird. Also, Ruhe im Gestrüpp, ich bin jetzt dran! Und zwar genauso, wie ich es will. Verstanden? Mein Puls kommt wieder etwas herunter und ich kann mich wieder zurückbesinnen. Ich merke, wie mein Tinnitus all die

Jahre mit meiner Wut zusammenhängt. Mir wird auch bewusst, wer noch um mich herum alles einen Tinnitus besitzt. Ob wir ähnliche Themen haben? Ob die auch alle Wut haben und vielleicht nie geschrien, sondern sie auch in sich hineingeschluckt haben? Mein dicker Hals fühlt sich von diesem Gebrüll trocken und rau an. Die Entzündung in meinem Rachen pocht und sticht mittlerweile schmerzhafter. Ich bin fast heiser, doch habe ich noch genügend Kraft und Wut in mir. Ein letztes Mal geht noch. *»Komm, hole aus und lass es heraus. Und zwar, was das Zeug hält!«* Ich atme ein und ein brontosaurischer Brüller staucht diesen deutschen Laubwald zusammen. Ich halte inne und spüre nach. Die Pilze um mich herum scheinen mich anzugrinsen, nehmen wieder die Finger aus ihren Ohren und applaudieren mir. Ja, jetzt geht es mir wesentlich besser. Ich muss lachen. Lachen über mich selbst. Alles nur Kopfkino? Ego? Alles nur Gedanken? Wenn dem so ist, dann sind Emotionen als Folge davon auch erlaubt. Die wollen halt auch heraus und gelebt werden. Genug geschluckt – genug aufgestaut. Raus, weg und aufgeräumt. Ende Gelände! *»Ruth hat fertig.«* Jawohl!

Auf dem Baumstumpf sitzend entschuldige ich mich beim Wald, dass ich ihn so dermaßen durchgerasselt habe. Es ist mir fast unangenehm, doch erhalte ich direkt eine Antwort. »Nein, hast du nicht. Das ist in Ordnung so, wie es war. Du bist ja schließlich nicht die Erste, die hier ihre eigene Brüll-Schau dargeboten hat.« Wie viele vor mir wohl schon hier ihre Schrei-Uraufführung zum Besten gegeben und bereits auf diesem Baumstumpf gesessen haben? »Viele!«, bekomme ich den nächsten Hinweis.

Mein Kopf liegt im Nacken und ich schließe die Augen. Die Sonne scheint. Sie streichelt mir sanft übers Gesicht und ich genieße ihre Wärme. Dann ein tiefes Ein- und ein entspannendes Ausatmen. Ich grinse. Mein Gott, ist das ein gutes Gefühl! Ich bin wie befreit und zufrieden. Leichter. Die frische Luft. Hier. Der Wald, die Natur. Es ist wunderbar und ich fühle mich plötzlich blendend, auch wenn ich immer noch die Nase voll, einen dicken Hals habe und von meinem Gebrülle nun fast endgültig heiser bin. *»Alles darf wieder gehen und weiterziehen. Alles zu seiner richtigen Zeit.«*

Rechtzeitig bin ich zum nächsten Sitzen zurück. Ich merke, wie extrem platt und erschöpft ich von alledem bin. Mein Geist und insbesondere auch mein Körper.

Die letzte Sitz-Einheit vor dem Mittagessen beginnt. Meine Augen sind geschlossen. Einatmen – ausatmen. Alter Schwede, ich bin so durch, dass ich mehrfach nach vorne wegkippe und für eine Hundertstelsekunde einnicke. Von der Vorwärtsbewegung meines Oberkörpers jedoch werde ich sogleich wieder bewusster. *»Süße, bleib wach!«* Sofort starte ich mit der Gegenbewegung. Ich falle also weder um, noch schlafe ich ein. Eine interessante Erfahrung, die ich da gerade durchlebe. So fühlt es sich also in diesem Komplett-Paket Waschgang 3A an, wenn mein Ego durch meinen persönlich gewählten Drill-Instructor geknackt wird. Ich bin so geschafft und leer, doch spüre ich ihn in mir. Ja, es ist eine Gewissheit. Ein irgendwie durchdringendes Gefühl, ein inneres Wissen, vielleicht auch ein innerer Wunsch, tief aus mir heraus, dem ich folge. Übrigens: Schräg gegenüber links von mir schnarcht es zwischendurch für ein paar tiefe Atemzüge, die dann aber bald wieder verstummen. Noch bevor die Meckerbacke in mir wieder loslegen kann, bemerke ich sie und schmunzle einfach darüber hinweg. Auch sie lasse ich los. Meine für mich bedeutendste Erkenntnis für diesen Moment ist: Es sind keine Tränen, die aus mir heute heraus wollten. Es ist die Wut, die letztlich und endlich an die Oberfläche getreten ist und ich habe es zugelassen und sie gefühlt. Wow. Das ist einfach mal nur klasse. Danke!

Nach meinem anderthalbstündigen Mittagsschlaf gönne ich mir selbstverständlich auch den Kuchen. Meine Seele genießt das Essen heute besonders intensiv. Auch dies ist ein Teil meines Prozesses. Körper – Seele – Geist. Für alle drei wird hier prima gesorgt: Körperarbeit samt Körperübungen, Ruhe, leckeres Essen, Gefühle, Gedanken und versuchte Gedankenlosigkeit. Das Ganze einmal umgerührt, gewürzt und durch meine Ego-Mühle gepresst. Fertig! – und nur zu empfehlen! Zu diesem Schluss könnte ich wohl am Ende kommen.

Der Nachmittag nimmt seinen Lauf. Um vierzehn Uhr ist wieder schnelles Kinhin rund um den Brunnen angesagt. Die Sonne strahlt immer noch, doch der Donner des *Dharma*, das normale Leben und der Zufall, der eben mal so spontan passieren kann, ist heute extrem zugegen. Sprich: Die Bauarbeiten für den neuen Gebäudeanbau sind im vollen Gange. Bob hatte mir den Umbau schon angekündigt. »Er wird kaum stören.« Heute werden jedenfalls Rohre in die Erde gebohrt. Nein, eher hineingehämmert. Natürlich nicht lautlos, sondern das krasse Gegenteil ist der Fall. Das *»Bleib-in-deiner-Übung-und-lasse-dich-nicht-ablenken-und-sei-bei-dir!«* nehme ich zwar wahr, muss aber schon jetzt herzhaft darüber lachen. Scherzkeks! Besser gesagt als getan. Mir fliegen hier gleich die Ohren weg! Mein Tinnitus piepst auch schon wieder lauter. Bei so viel Krach ist die Übung hier und jetzt wirklich eine Herausforderung. Eigentlich gleicht sie einer Lachpille und ist der Oberschenkelklopfer schlechthin. Wir geben unser Bestes und starten mit dem Spiralentanz. Es vergehen keine fünf Minuten, als plötzlich alle stehen bleiben. Was ist denn jetzt los? Hat Gabi wieder geklackt? Ich habe vor lauter Dharma-Donner gar nichts gehört. Verdutzt schauen wir uns um. Eine kleine Gruppe bespricht sich mit Gabi und Lars, um anscheinend ihre Sichtweisen in Bezug auf das Getöse darzulegen. Verständlich!

Manuel und ich sind auf selber Höhe zum Stehen gekommen. Wir blicken uns wortlos in die Augen. Sollen wir? Ja, das machen wir! Dieser einzige stille Blick genügt. Ein gemeinsames Schmunzeln mit gleichen Gedanken und wir beide entscheiden, schweigend weiterzumarschieren. Zeitgleich, zielgerichtet und schnurstracks verlassen wir grinsend das Gelände und führen unseren strammen Marsch außerhalb des Klosterareals fort. Wir passieren den Ort und gelangen in den Wald.

»Wir nehmen den Rückweg über das Garten-Hintertörchen!«, durchschnauft Manuel unser Schweigen.

Ich nicke. Nach einem halben Kilometer schaue ich verschmitzt zu ihm hinüber und japse ihm ein »Wie lange noch?« entgegen.

»Gleich sind wir da!« Mit Blick auf seine Uhr räuspert er sich nachdenklich. »Okay, vielleicht wird es jetzt doch knapp?!« Lachend sprinten wir los und joggen die letzte Strecke bis zum Hauptgebäude.

Zurück auf unseren Paddler-Plätzen stehen mir und wahrscheinlich auch Manuel die Schweißperlen auf der Stirn. Mein Puls bewegt sich gefühlt noch jenseits der Hundertzwanzig. Aber wir haben es geschafft. Zufrieden schaue ich mich ein letztes Mal um, bevor ich konzentriert in meine Übung gehe.

Die Erkenntnis des Tages? Es bedarf manchmal keiner großen Worte. Es reicht ein einziger Blick und ein selber Gedanke, um zu entscheiden. Und dann ist es auch die Selbsterkenntnis und das Eingeständnis, dass man ab und an sogar einen Moment unterschätzt hat und dennoch das Beste daraus machen kann. Man erlaubt sich, eben neu zu entscheiden. Ist es demnach ein Gefühl, dem man folgt?

BRUDER JAKOB, BRUDER JAKOB

Hörst du nicht die Glocken,
hörst du nicht die Glocken,
ding, dang, dong.
Lutschbonbon.

Der Sauerstoff im Blut von soeben tut echt gut. Als mein Puls zur Ruhe kommt, merke ich, wie unverändert gerädert ich heute Nachmittag bin. *»Konzentration auf die Übung, Madame!«* Stirnrunzelnd kontere ich: Aber ich möchte eigentlich gerade nur noch schlafen! Dennoch realisiere ich, wie meine Denkfabrik versucht, mich wachzuhalten, abzulenken und mit schönen Dingen und Gedanken in Berührung zu bringen. *»Bleibe in der Übung! Konzentriere dich auf Nichts.«* Also starte ich erneut mein Zazen-Programm. Einatmen – ausatmen. Aber schon geht's los, ich kann es nicht verhindern. Anscheinend sucht sich mein Ego wirklich etwas Angenehmes und eine leckere Erinnerung. Nun? Wann hatte ich eigentlich das letzte Mal Sex? *»Was? Auch das noch!«* Etwas in mir schlägt sich mit der Hand auf die Stirn. Einatmen – ausatmen. Ja, vor allem, mit wem? Einatmen – ausatmen. *»Ruth!«* Mist! Ich lasse mich tatsächlich ablenken und komme nicht in die Ruhe. Hallo? Mentalstille? Wo bist'n du? Einatmen – ausatmen. Keine Antwort. Nein, es war nicht mit Maurice. Also, mit wem? Einatmen – ausatmen. Yep, es war mit Thorsten, der aus dem konfusen Traum gestern Nacht. War es gestern

Nacht? Ja, das war schön, also der Sex, nicht der Traum. Einatmen – ausatmen. Ob er sich wieder melden wird? *»Die Hoffnung stirbt zuletzt. Ruhuuuth, bleib in der Übung!«* Ich zucke zusammen, als ich merke, wie ich vor Erschöpfung in meine Träumereien abdrifte. Einatmen – ausatmen. Na gut, ich tue mein Bestes. Stille? Jetzt? Einatmen – ausatmen. Nee! Also, um nochmal auf den Thorsten zurückzukommen. Der Sex war wirklich gut. Er war so zärtlich und konnte so wunderbar küssen. Einatmen – ausatmen. Und ich mag ihn echt riechen und seine beiden Tattoos machen mich auch total an. Rattenscharf! Einatmen – ausatmen. Warum eigentlich? Das weiß ich selbst nicht genau. Wann lasse ich mir eigentlich mein eigenes, schon lang ersehntes Tattoo stechen? Mal schauen. Das will ja wohl überlegt sein! Einatmen – ausatmen. *»Ruth!«* Ich überhöre erneut die Erinnerung. Mmmh, vielleicht hat er mir ja mittlerweile eine Text- oder Sprachnachricht geschickt? Einatmen – ausatmen. *»Nein, hat er nicht! Und denk noch nicht einmal daran, das Smartphone wieder einzuschalten!«* Die Freundin in mir scheint zu verzweifeln und schüttelt ihren Kopf. Aber mein Gefühl sagt mir doch, dass er sich meldet. Mmmh? Einatmen – ausatmen. *»Ist es ein Gefühl oder deine Wunschvorstellung?«* Ach Menno! Einatmen – ausatmen. Ich rüttele mich selbst bewusst durch und realisiere erst jetzt, wie lange ich in dieser Gedankenspirale gerade verschlungen war. Ego, jetzt mach endlich halblang. Verdammt noch mal! Halt deine Klappe und schieb die schönen Gedanken an die Männerwelt beiseite. Einatmen – ausatmen. Ein andermal wieder! Verstanden?

Da erreiche ich auch schon den Zieleinlauf: Gabis Klack. Wir warten auf den nächsten Klack, ich insbesondere, um meinen Gassho zu machen, mein Medi-Kissen wieder aufzuschütteln, die Decke zusammenzulegen und die Sitzmatte glattzustreichen. Da kommt er also: Klack. Ich beginne mit meinem Geräume und drehe mich zu Heidrun nach links, um sie flüsternd noch etwas fragen zu wollen, bevor wir den Raum verlassen. Doch merke ich, dass jetzt erst einmal der nächste Kinhin an der Reihe ist. Ein »Oh!« entweicht mir zwar leise, doch hörbar. Heidrun erkennt meine Verpeiltheit und kann sich vor Lachen kaum noch halten. Wie ein kleines Mädchen giggelt sie in sich hinein und legt sich schalldämmend ihre Hände vor den Mund. Oh Mann, mein Zeitgefühl ist endgültig am Ärmel. Ich geb's ja zu. Haben wir gerade Vor- oder Nachmittag? Wann gibt's eigentlich wieder etwas zu essen und welcher Tag ist heute? Ich merke, wie mein Ego augenblicklich die Planung, Kontrolle, Orientierung und den Halt verliert und der Bürgermeister in mir denkt: Und das ist auch gut so!

Die Türen werden geöffnet. Erneut strömt die Frischluft von draußen hinein. Meine Lungenflügel weiten sich und saugen den Sauerstoff ein. Leider macht er mich nur bedingt wacher. Diese Kinhin-Pause war mir eindeutig zu kurz.

Doch weiter im Text und Endspurt! Die letzte Vierziger-Etappe ist angesagt. Nein, ich mag wirklich nicht mehr. Es reicht jetzt. Leider bleibt es dabei: Here we sit again – hier sitzen wir wieder. Immer noch!

Glücklicherweise folgt nun die nächste Dokusan-Runde mit Siggi. Das verspricht mir weitere Ablenkung. Siggi hat uns am ersten Abend dazu eingeladen, die drei Zen-Leiter des Kurses persönlich kennenzulernen und sie in deren jeweiligen Dokusan zu besuchen. Gestern war offensichtlich die Nachfrage größer als das Angebot, so dass ich bei Siggi nicht landen konnte. Daher probiere ich es heute erneut. Außerdem passt mir das gerade mal so was von in den Kram. Ich bin um jede Verkürzung des Sitzens dankbar.

Mein grünes Kärtchen ist also gezückt und winkt Lars im Vorbeigehen zu. Es klappt tatsächlich, denn kurze Zeit später tippt er mich sachte an und holt mich aus meiner Übung. Ich komme zum ›Großen Meister‹ – persönlich. Ich mag Siggi, auch wenn ich ihn noch gar nicht kenne. Im Gegensatz zu den Wartebereichen von Ramona und Martin stehen hier für die Suchenden mehr, an der Zahl sieben, Hocker und außerdem vor dem ersten Hocker eine spezielle Stand-Glocke bereit. Warum die Glocke hier steht? Ich weiß es nicht. Vielleicht, weil Siggi ein Zen-Meister ist? Jedenfalls passt sie und der damit verbundene Vorgang des Glockenschlagens des Zazen-Übenden irgendwie in diese Umgebung hinein.

In der Sitzreihe von hinten eingereiht führe ich mein Zazen also fort. Es bringt spürbar Abwechslung für meine Muskeln, Sehnen und auch für meinen Kopf. Wie Stehauf- und Setzhin-Männchen rücken wir auf den Schemeln immer weiter zur schwarzen, scheinbar schweren Glocke vor. Wie hieß noch das Lied mit diesem Musikvideo? Da sind die in Ganzkörperkondom bekleideten Tänzer auch synchron aufgestanden und wieder gebückt weitergetorkelt. ›Auf und nieder‹?, will mein inneres Radio mir still helfen. Nein, dieses Lied war's eindeutig nicht! Es war poppiger und in Englisch. Mensch, ich bin schon wieder total abgelenkt und jenseits meiner Übung. *»Genau, ab und zurück ins Hier.«* Was wollte ich Siggi jetzt noch fragen? Was wollte mein Ego von ihm wissen? Durch mein Gehirn schwirren konfuse Gedankenströme, die ich kaum zu fassen kriege. Doch will ich mich festlegen und kontrollieren, um zu vermeiden, dass ich gleich schweigend mit lauter leeren Sprechblasen vor ihm sitze. Habe ich Angst? Angst vor Scham? Mein innerer Antreiber fängt an, mich anzupeitschen und zu stressen. Ich entscheide mich also, mein ursprünglich angedachtes Fragengeflecht zu stellen. Es hat mit meinem derzeitigen Job zu tun. Und es betrifft auch irgendeine Sehnsucht in mir, die ich noch nicht zu greifen bekomme. Wie formuliere ich das am besten? Was genau will ich eigentlich wissen? Nun, es wird schon gleich aus meinem Mund hervorquellen. Das weiß ich, bin aber selbst gespannt, was genau ich sagen werde.

Der nächste Hocker. Ich rücke auf. Ich bin Teil der Wartereihe für Siggi. Die Stand-Glocke kommt mir jetzt immer näher. Konzentriert gehe ich in meine Atmung. Dann ein plötzliches, viel zu lautes ›Klong‹ und ich zucke erschrocken in jeder Zelle meines Ichs zusammen. Die Brüder Jakob hinter mir auch. Spürbar! Spätestens jetzt sind wir alle wieder, im wahrsten Sinne des Wortes, glockenwach und für einen kurzen Moment in Alarmbereitschaft. Mein Herz pocht schneller. Meine Ohren piepsen und ich schaue kritisch auf meinen Vordermann. Mein Verurteiler legt los: Sag mal, Bruder, du hast ja wohl den Schuss nicht gehört, oder? Willst du ein Loch in die Glocke kloppen? Ich überlege, ob ich ihm auf die Schulter tippe. Der Typ holt erneut aus und schlägt ein zweites Mal – genauso kraftvoll – die Glocke für Siggi. Dann spult es in mir weiter: Geht's noch? Willst du uns etwas mitteilen? Hört her, ich kann sie besonders toll und laut schlagen? Jetzt bin ich an der Reihe? Hört ihr? – Nee, also von mir kriegst du mal kein Lob. Und erst recht auch kein Lutschbonbon, du Idiot! Im selben Moment jedoch erkenne ich mein Ego wieder und muss grinsen.

Die Türen, die diesen Vorraum vom Zendo trennen, sind übrigens geöffnet, so dass alle Meditierenden den Klang des besonderen Klongs dieser Glocke hören können. Gleich bin ich an der Reihe. Schon ertönt aus Siggis Raum sein Handglöckchen hinter der Tür. Der suchende Depp von eben erhebt sich da drinnen wohl endlich. Auch ich bereite mich vor, hole aus und kanalisiere meine Kraft. Ich klonge zweimal, natürlich sanfter und zaghafter, als vor ein paar Minuten erlebt. Ich empfinde meine beiden Glockenschläge dem Siggi gegenüber als Respektbezeugung. Nicht mehr und nicht weniger.

Bruder Jakob öffnet die Tür, ich strecke ihm im Vorbeigehen noch innerlich meine Zunge heraus, er lässt mich eintreten und verschließt sie wieder hinter mir.

Vor mir sitzt Siggi. Na endlich! Meine Gedanken und Gefühle an die Dumpfbacke von soeben sind wie im Nu verflogen. Jetzt gilt es, mich zu sammeln und meinen Fragenkatalog wieder einzukreisen. Siggi und ich – noch stehend – begrüßen uns mit Gassho. Ich lasse mich dann auf dem Sitzkissen vor ihm nieder. »Ich heiße Ruth.«

»Hast dir ja Zeit gelassen!«, schießt es urplötzlich und ohne Vorankündigung aus ihm heraus.

Äh, wie bitte? Mal langsam! Habe ich richtig gehört? Ich bin kurz vorm Herausgrunzen, schlucke aber meinen Lacher gerade noch so herunter. Stattdessen schmunzle ich vorsichtig durch meine zusammengekniffenen Augen hervor, ganz leicht, und beobachte ihn dabei. Auch er grinst äußerlich. Aha! Humor scheint der also zu haben. Unsere Augen treffen sich. Wir nicken uns zu. Der siebenundachtzigjährige Siggi ist schon jetzt sehr aufmerksam, als ich ihm schlagfertig antworte. »Du, der rote Teppich lag für mich halt gestern noch nicht aus. Die Nachfrage war einfach größer als das Angebot, Siggi!«, und schaue verschmitzt.

Er lächelt. Gut so! So soll es heute eben erst sein, dass wir zwei uns kennenlernen. »Was möchtest du wissen, Ruth?«

Mein Startschuss ist gegeben. Achtung, Achtung, jetzt geht's lohooos! Alle mal heeerhören! Mein Ego scheint noch ein letztes Mal einzuatmen, um sich dann vor ihm aufzubäumen. »Siggi, ich denke viel über meinen derzeitigen Beruf nach. Wie finde ich in mir die richtige Antwort heraus? Ist es mein Kopf mit seinen Gedanken, dem ich folgen soll? Oder gibt es etwas in mir, vielleicht ein Gefühl, das durch meine Gedanken gesteuert ist, das mir den Weg weisen könnte? Was steuert was? Der Gedanke das Gefühl oder das Gefühl den Gedanken? Was davon nehme ich für mich als Antwort? Was davon ist richtig? Ist es mein Ego, das mich immer lenkt? Und tut mir Ego überhaupt gut, Siggi?« Ich fühle mich gerade echt intellektuell in Höchstform und blicke verheißungsvoll in Siggis funkelnde Augen. Mal wieder zig Gedanken auf einmal gehabt und erfolgreich in meinen Sätzen dem Siggi entgegengepustet. Krass, was so alles geht?! Applaus – Applaus – Applaus! Ich halte inne und warte. Doch zunächst spricht meine Freundin zu mir. *»Um was geht es dir genau? Sag mal, wenn du diesen Frage-Schwall Revue passieren lässt, hast du ihn selbst überhaupt verstanden?«* Äh, ich lasse alles nochmals in mir nachklingen. Nee, ehrlich gesagt, habe ich nicht! Ich fühle mich in meinem Gedankenstress verloren.

Die Retourkutsche folgt sogleich. Siggi neigt sich zu mir und deutet auf sein Hörgerät. »Ich höre nicht so gut, kannst du bitte die Frage wiederholen?«

Verdutzt heben sich meine Augenbauen. Wie hatte ich das noch formuliert? Was will ich eigentlich genau wissen? Wieso kam es bei mir zum Burnout? Waren es nur Gedanken, die mich gesteuert haben? Oder war es ein Gefühl? Ich hänge in meinem eigenen *Schlamassel* fest und versuche mich zu beeilen, Siggi etwas Neues entgegenzuhauchen. Hiiilfeee! Dann setze ich wieder an und aus meinem Mund quillt die vereinfachte Version 2.0 meines herausfordernden Gedankengeflechts. »Ich hatte mal Burnout und will eigentlich nur wissen, ob ich noch in meinem Job richtig bin. Wie kann ich das herausfinden? Soll ich meinem Verstand, meinem Ego oder meinem Gefühl folgen? Was bedeutet ›Bauchgefühl‹? Oder ist das alles ein und dasselbe?« Und, Siggi? Jetzt verstanden? Hat's nun ›Dong‹ bei dir gemacht? Mein Ego scheint ihm wohl die Schuld des Missverständnisses zuschieben zu wollen. Es baut sich nochmal vor ihm auf, verkreuzt die Arme und fühlt sich gerade noch größer als sonst schon.

Siggi hält kurz inne. Er schaut mir in die Augen und gibt mir schließlich seelenruhig die Antwort: »Ruth, bleib in deiner Übung! Einatmen – ausatmen. Nur dieser Atemzug!«

Sein »Es wird sich zeigen!« höre ich gar nicht mehr, denn Wut scheint nicht nur blind, sondern auch taub zu machen. Mein innerer Revoluzzer stemmt augenblicklich seine Hände in die Hüften und meckert. Hör mal, das ist wohl nicht dein Ernst, oder? Das war ja jetzt nicht die Antwort auf meine intelligenten Fragen. *»Vielleicht doch?«* Ich bin nämlich wirklich gut darin, mindestens vier Gedanken auf einmal zu denken und parallel noch drei bis fünf andere Dinge zu erledigen. Da bin ich Weltmeisterin drin. Da kommt so schnell keiner heran. *»Warum eigentlich?«* Ich schnaufe leise aus und realisiere, dass ich seine Antwort sodann doch irgendwo in mir auf- und annehme. Hat er etwa mein stilles Fluchen von soeben bemerkt? Au Backe! Ich laufe hochrot an und er lächelt.

»In zwei Wochen komme ich wieder. Dann bleibe ich für drei Wochen hier, ein Langzeitaufenthalt«, drohe ich mich ihm mit Grinsen im Gesicht an.

Er freut sich sichtlich. »Auch das wird dir gut tun, Ruth. Schön, dass du dich dafür entschieden hast.«

Mit Gassho bedanke ich mich bei ihm. Er greift zu seiner Handglocke, schüttelt sie und ich verlasse wieder den Raum.

Der weiß schon genau, warum er wem welche Antworten gibt! Mein inspizierender Beobachter erkennt. Damit wir klarer und einfacher formulieren? Es ist nur unser Ego, das im Außen gelten und glänzen möchte. Egal, ob durch sichtbare Äußerlichkeiten oder pseudo-intelligentes Zeugs, das unseren Mund verlässt. Ego ist auch wirklich gut, aber das erkenne ich mit all seinen unterschiedlichen Facetten erst zu einem späteren Moment. Hier und jetzt sind Zen und Zazen dran. Da geht es einfach darum, in die Mentalstille zu gelangen. Aber so einfach ist das gar nicht. Klarheit – Bewusstheit – Achtsamkeit. *»Damit einhergehend: Entschleunigung und Zentralisierung deines Selbst. Dann wirst du auch selbst deine Antworten erfahren.«* Wirklich? *»Ja!«* Okay, also: Ego, protestiert wird für heute nicht mehr! Wir gehen erst mal gemeinsam weiter!

DER KUCKUCK UND DER ESEL

Die hatten großen Streit,
wer wohl am besten sänge
zur schönen Maienzeit.
Der Kuckuck sprach: Das kann ich
und fing gleich an zu schrei'n.
Ich aber kann es besser,
fiel gleich der Esel ein.

Die Sonne scheint. Es bleibt noch eine halbe Stunde Zeit, draußen frei zu gehen. Doch bin ich so geschafft, dass ich mir in dieser Pause weitere angenehme Ablenkung suche. Und die heißt erneut: Kuchen. Essen ist mir augenblicklich wichtiger. Heute gab's Brownies und ich greife mir eines der letzten übrig gebliebenen Stücke, mein zweites Stück für heute. Gemütlich im Speisesaal niedergelassen, genieße ich die Süße an meinem Gaumen. Seelenhonig. Lecker!

Soeben ist eine Wochenendgruppe angereist. Eher weniger halten die sich ja mal ans Schweigen. Grundsätzlich stört es nicht. Vielmehr nervt mich aber, dass die für sich die Ausgangstür dieses Saals nach draußen entdeckt haben. Die ›Wochenendies‹ verbringen ihre Zeit nämlich normalerweise im Säulensaal, bewusst getrennt von der Ruhe unseres Speisesaals. Den leckeren Kuchen für alle gibt's halt aber nur bei uns auf der Theke. Also muss auch ich da wohl durch – durch das folgende Szenario:

Die Ausgangstür. Sie lässt sich nur von außen durch den Handknauf geräuschvoll zuziehen, von innen hingegen in Leichtigkeit mittels Türklinke schließen. Deswegen bleibt sie in den meisten Fällen auch geöffnet. Dadurch entsteht ein unangenehmer Luftzug. Abseits sitzend betrachte ich insbesondere das Hinausgehen. Der Krach ist durch das, an sich gut gemeinte, Zuziehen der Tür eines jeden neuen Versuchers extrem hoch. Immer wieder. Gemütlichkeit hört und fühlt sich anders an.

Zwei Stühle von der Ausgangstür entfernt sitzt eine Kindfrau. Sie ist zierlich, niedlich, fast zerbrechlich. Geschätzte 1,50 m groß, Anfang vierzig. Unsere Blicke treffen sich und unsere inneren Kritiker samt Stirnrunzeln sind sich einig. Wir beobachten. Der nächste Teilnehmer kommt und ein erneuter, lautstarker Versuch scheitert, die Tür von außen ins Schloss zu ziehen. Da entdecke ich, wie die Kindfrau zittert, nicht nur an den Händen und Armen, sondern auch mit ihrem Kopf. Der Grund hierfür liegt, ich weiß es, weder am Luftzug noch an dem Geschepper, das sie gerade wieder hinter sich fast hautnah miterlebt. Ob es für ihr Symptom einen Namen gibt? Parkinson? Oder ist es einfach ihr unruhiges Nervensystem, das reagiert? Auch die Gabel, die sie in diesem Moment zum Mund führt, wackelt. Hoffentlich fällt ihr der Kuchen nicht herunter! Mir wird bewusst, wie gut es mir geht. Ich schaue mich um und überlege: Mindestens zwei zitternde und zwei humpelnde Teilnehmer habe ich bisher wahrgenommen. *»Ruth, du bist gesund und munter. Im Hier und Jetzt.«* Ich nicke innerlich und weiß es zu schätzen, im Augenblick umso mehr, egal was mir mein bisheriges Kopfkino so alles erzählt und welche Wehwehchen es körperlich vorgeschoben hat. Als ich aus diesen Gedanken zurückkomme und mein Stück Brownie offensichtlich unbewusst aufgegessen habe, realisiere ich, wie sich die Kindfrau längst aus der Situation zurückgezogen hat. Mittlerweile sitzt sie in der leiseren, windgeschützten Ecke des hinteren Speisesaalbereichs. *»Was erkennst du für dich in dieser Beobachtung?«* Vielleicht, dass wir die Wahl haben? Die Wahl, wie lange wir eine Erfahrung machen möchten? Die Erfahrung, wann meine persönliche Wohlfühlgrenze überschritten ist? Das Zugeständnis an mich selbst, wann ich mich zurückziehen darf? Ja, ich denke, so ist es. Aber, ob wir über den Zeitpunkt und auch über die Länge und Intensität einer solchen Erfahrung bestimmen können, darüber bin ich mir noch nicht im Klaren. *»Dann beobachte einfach weiter.«*

Ab halb fünf gibt's im Zendo Körperübungsprogramm mit Ramona. Pünktlich um ›fünf vor‹ stehen wir alle parat. Zunächst klopfen wir den Körper ab. Arme, Brust, Rücken, Bauch, Lendenbereich, Ober- und Unterschenkel. Danach dehnen wir nacheinander unsere Fußballen. Beide ›großen Onkels‹ werden über ihre Gelenke hinweg nach vorne überstreckt. Ramona erläutert uns, dass wir versuchen sollen, diese Dehnung der Zehen im Rücken und entlang des Halses zu spüren. Wir lernen, dass der Fuß den gesamten Körper abbildet und wir anhand von Fußdehnungen und -massagen dem Rücken und Nacken Entspannung schenken können. Gilt nicht sogar Gleiches für die Hände? Ich meine, so etwas in Erinnerung zu haben. Es sind Atem-, Dehn-, Halte- und Streckübungen durch den gesamten Körper hindurch, die uns allen gut tun. Gefühlt ist das hier ein Mix aus Qigong, Tai-Chi und Yoga. Mir geht es danach eindeutig besser. Rücken, Nacken und Schultern sind jetzt wieder weicher.

Nach dem Abendessen ergänze ich mein heutiges Wellness-Programm um einen erneuten Spaziergang übers Feld, vorbei an der Pferdekoppel hin zur anderen Ecke des Waldes. In der Ferne singt ein Kuckuck. Ich spaziere so vor mir her, als mir ein Teilnehmer des Wochenend-Elefanten-Trupps entgegenkommt. »Sind Sie Heike?« Ich schüttle den Kopf und er erkennt sogleich seine Verwechslung. »Oh, Entschuldigung!« Schweigend nicke ich ihm zu und gehe weiter. Schritt für Schritt. Ich atme die Natur ein.

Auf dem Rückweg vom Wald beobachte ich den Rappen. Den von den dreien dort hinten auf der Koppel. ›Onkel Tom‹, so taufe ich ihn von Weitem. Er stellt sich seiner Halterin gegenüber etwas bockig an. Kleiner Dickkopf, was? Deren gemeinsames Gezeter kann ich förmlich hören. Wer wohl gewinnt? Wer von den beiden wird sich durchsetzen? Ist er nur ihr eigener Spiegel? Wer hat den längeren Atem? Ich schmunzle über diesen Streit. Fast ist es, als könne ich den stetigen Reibereien meiner derzeitigen Innenwelt, meines Egos und all den Nuancen meines Selbst zuschauen.

Zurück auf dem Asphalt liegt vor mir ein großer abgebrochener Ast. Ich schaue mich um. Soll ich? *»Warum* *denn nicht?«* Oder soll ich ihn liegen lassen? *»Stört er dich?«* Ich halte inne. Sind es meine Krümel? Mmmh, jedenfalls liegt er im Weg – für die Spaziergänger, die Fahrradfahrer, für die Traktoren und vielleicht auch für mich. Ich überlege und entscheide dann bewusst. Ja, ich kümmere mich diesmal darum. Mit Schmackes ziehe ich ihn kraftvoll beiseite und lasse ihn in den Graben neben diesem Feldweg plumpsen. *»Gut so! Es war deine Wahl, Ruth. Und für wen hast du es gemacht?«* Für mich! Okay, ich hab's verstanden.

Der Rundkirche statte ich meinen täglichen Besuch ab. Wieder allein. Vermutlich denken die meisten Teilnehmer wohl, dass die Kirche geschlossen ist? *»Vielleicht ist es auch nur dein Irrgedanke?«* Doch ist diese Tür eigentlich immer geöffnet. Drinnen brennen auch heute zahlreiche Teelichter auf dem kleinen Metallständer. *»Das könnte also bedeuten, dass doch der eine oder andere hier vorbeischaut und dann jeweils eine Kerze anzündet. Offensichtlich erwischst du aber immer einen trauten Moment für dich allein.«* Ach so!

Ich schaue mich erneut um. Keiner da? *»Nein.«* Meine Nasenflügel weiten sich vom tiefen Atemzug und ich trällere wieder los. Ich versinke förmlich darin. Einfach herrlich! Irgendwie tut das Singen gut. Es ist ein ähnlich befreiendes Gefühl wie das beim morgendlichen Tönen in der Gruppe. Fast fühlt sich das Trällern sogar wie Brüllen an, doch empfinde ich es sanfter, wenn Freude statt Wut dahinter steckt. Es erleichtert und entleert mich auch.

Die letzte Etappe vor dem heutigen Schlafengehen hält Einzug. Lars signalisiert, dass jetzt Martin ein Dokusan anbietet. Nun, dann schlagen wir doch heute gleich mal zwei Fliegen mit meiner Ego-Klappe. *»Träum weiter!«* Nachdem mir Siggi ja keine ausreichende Antwort geliefert hat, kann ich dieselbe hochkomplexe Fragestellung ja nochmal bei Martin platzieren, oder? Das wäre ja wohl gelacht! *»Mal sehen, was dort für eine Antwort auf dich wartet.«*

Entschlossen zücke ich also meine rote Karte. Oder ist es mein Ego? Kurz sehe ich Martin als stolzen Torero vor meinem inneren Auge, der mir, dem Dickkopf-Stier mit bereits kratzenden Klauen, das rote Tuch hinhält und vor mir her wedelt. Alles nur mein eigenes Drama in meiner Ego-Kampfarena? Anscheinend: Ja! Martin ist ein gutaussehender Mann. Doch bin ich für heute nicht im Flirt-Modus. Ich habe keinen Kopf dazu, denn ich bin so was von mit mir selbst beschäftigt. *»Und zwar auf allen Ebenen deines Ichs.«* Stimmt. Ich bleibe Neutrum, bleibe bei mir – im Hier und Jetzt.

Auch Martins Handglocke schellt. Der Vorgänger öffnet die Tür. Ich trete ein.

»Wie heißt du?« Martin erfährt meinen Namen und ich deute an, dass ich dem Wunsch von Siggi nachkomme, sie alle drei kennenzulernen.

Ich überlege kurz, währenddessen sich mein Ego vor ihm schon aufbaut. Dann setze ich meine Gedanken fort. »Wie gerät man in ein Burnout? Es kam damals so schleichend und war plötzlich da. Ich hatte es nicht kommen sehen. Hatte ich nicht auf meinen Bauch gehört? Ich befinde mich gerade irgendwie in einem innerlichen

Umbruch, was meinen derzeitigen Job angeht. Ich bin dort nicht mehr vollends richtig. Ich suche, suche Veränderung, aber ich weiß nicht, ob ich dabei auf meinen Verstand, mein Ego hören soll oder, ob es etwas anderes in mir gibt, das mir die Antwort geben könnte. Ich fühle mich verloren in meinem Inneren. Ich hänge.«

Martins Stirn runzelt. Hat er etwa meine ausgefeilten oder vielleicht doch wirr aneinander geketteten Fragen nicht verstanden? Das glaube ich ja nicht! Er hält kurz inne und hinterfragt im nächsten Augenblick. »Ruth, auf was genau willst du hinaus?«

»Recht hat er.« Und Unrecht hat der Esel in mir. Ich denke, ich muss konkreter werden. Also nochmal. »Ich suche in mir nach einer Antwort, wohin meine berufliche Reise gehen soll. Ich habe ein Ego, einen Kopf mit zig Gedanken und einen Bauch. Manchmal besitze ich sogar ein Bauchgefühl. Ich habe Gefühle und auch ein Sicherheitsbedürfnis, das anscheinend stark durch meinen Kopf mittels meiner Gedanken gesteuert und gefüttert wird. Auf was soll ich also hören, um den richtigen Weg für mich zu finden? Ich habe das Gefühl, dass mir mein Ego dabei oft im Weg steht und einfach querschießt. Ich fühle mich so zerrissen.« Meine Augenbrauen ziehen sich nach oben, ich schlucke schwer und schaue ihn erwartungsvoll an. Ich bin gerade von mir selbst total verunsichert und tatsächlich in mir verloren.

Martin hingegen erkennt. »Ruth, Ego ist Alles und wiederum auch Nichts. Mal ist ein Gedanke richtig, mal das Gefühl. Versuche beides miteinander in Einklang in dir zu bringen, dann ergibt sich die Antwort. Die Antwort ist der Einklang.«

Mmmh, für den Moment höre ich zwar seine Worte, doch kommen sie irgendwie nicht in mir an. Etwas in mir wehrt sich, versteht sie nicht und ist zugleich auch sprachlos. Es scheint, als wäre in meinem Gehirn eine Synapse nicht richtig verschaltet, als hätte ich da eine Art leere, unbenutzte Stelle. *»Lass es in dir wirken, Liebes. Er hat recht. Nimm es mit und es wird sich in dir weiter preisgeben. Hab Geduld. Für jetzt ist dies ausreichend.«*

Mir fehlen augenblicklich weitere Worte. So entscheide ich, es äußerlich dabei zu belassen. »Danke Martin!« Ich verneige mich vor ihm und verlasse den Raum.

Für eine Sekunde bin ich beruhigt, als ich den Flur entlang gehe. Doch dann beginnt mein Ego von vorne: Also diese Antwort von Martin finde ich total doof! Nein, die mag ich ganz und gar nicht. Ich wollte doch mehr Details, mehr Infos haben. Warum habe ich nicht nochmals nachgehakt? Aber ich wusste doch nicht wonach. Ich fühle mich gekränkt und schreibe gerade innerlich schon die Kündigungs-E-Mail für den dreiwöchigen Langzeitaufenthalt. Sodann werde ich erinnert. *»Ruth! Für nichts und wieder nichts. Wie schon Ramona es sagte.«* Erst jetzt wird mir Ramonas letzter Satz im Dokusan wieder bewusst. Hä? Ich versteh nur Bahnhof. Zugleich krabbelt mir Gänsehaut an meinen Armen hinauf. Ich merke, wie negativ für mich dieser Glaube besetzt ist. Doch ist mein Inneres auch hier parallel Zeuge dieses Disputs. Die Erkenntnis kommt erst eine Stunde später. Bis dahin bin ich stinksauer, habe mich mal wieder vollends in die Sache hineingesteigert und alle Schichten in mir arbeiten, schreien und rütteln an mir. Was soll das alles hier? Wozu tue ich mir das nur an? *»Schon wieder diese Leier?«* Ja, das ist doch alles Mist! Es bringt mal gar nix! *»Für nichts und wieder nichts!«* Soeben habe ich das Gefühl, mir lege meine innere Freundin erneut den Finger in die Wunde. Meine Wut wächst weiter an und scheint nun überquellen zu wollen. Ach, Wut, verschwinde einfach! *»Vertraue, denn du bist hier immer noch goldrichtig! Es ist nicht immer der Verstand, der versteht. Manchmal ist es auch ein Gefühl, das Erkenntnis gibt. Beobachte dich und begreife!«* Puh, das ist echt eine Aufgabe! Was bedeutet ›für nichts und wieder nichts‹? Ist Ego mit oder ohne ›nichts‹? Jedenfalls weiß ich gerade überhaupt nichts mehr. Ich bin nur noch ein einzig großes Fragezeichen und mein Schädel ist kurz vorm Durchqualmen. *»Ich weiß, aber du hast den Mut und die Kraft dafür weiterzugehen und weiterzuforschen. Jetzt gib dir und deinem Kopf erst mal Ruhe!«*

Eine Weile später erhalte ich ein Gefühl, das ich nicht genau in Worte fassen kann. Es scheint ein Wissen in mir zu sein, dass ich mich auf dem Weg des Verstehens befinde. Auch Martins nebulöse Worte lichten sich. Nicht über meinen Kopf, sondern irgendwo anders in mir tief drinnen. In diesem Gefühl, wofür es keine Beschreibung gibt. Ich weiß einfach, dass ich auf der richtigen Spur bin. Komischerweise gehe ich mit einer völlig neutralen Empfindung ins Bett. Es ist eine Sachlichkeit, die herrührt aus der Erkenntnis, welches Spiel mein Ego mit mir treibt. Nein, ich brauche doch gar nicht enttäuscht zu sein. *»Warum auch! Es klärt sich in dir und du lässt es zu. Schritt für Schritt. Und mit deinem Verstand kannst du nicht immer alles erzwingen. Manches braucht Zeit. Und manche Antworten kommen aus einem Gespür heraus.«* Ich sinniere über diese Worte, bemerke die verschiedenen Reaktionen in mir und erkenne plötzlich den Wunsch, morgen nochmals mit Ramona zu sprechen. Ich lasse ihn wachsen und nehme ihn mit in den Schlaf.

ZWISCHEN BERG UND TIEFEM, TIEFEM TAL

Saßen einst zwei Hasen,
fraßen ab das grüne, grüne Gras
bis auf den Rasen.
Als sie sich nun aufgesammelt hatten
und sich besannen,
dass sie noch Leben hatten,
liefen sie von dannen.

– Tag 5 –

Meinem Rücken geht es nach der Nachtruhe besser. Der Schnupfen ist merklich stärker geworden, aber er löst sich. Meine Schluckbeschwerden haben abgenommen. Die Kameraden Globuli wandern erneut in meinen Rachen. Ich merke, wie sie schon gestern geholfen haben und werde verlockt. Jetzt, wo sich mein Rücken fast gut anfühlt, kann ich doch vielleicht meinem unveränderten Ehrgeiz folgen, heute noch die zweite Rasenkante auf der anderen Wegseite entlang der Grenzsteine zu schneiden. Und wenn ich danach wieder ›Rücken‹ habe? *»Na, das wird schon! Du wirst achtsamer mit dir selbst sein.«* Gut, dieselbe Erfahrung werde ich kein zweites Mal machen. Es ist nicht so, dass ich nicht erkenne, wie mein Ego-Eifer mit seinen Gedanken mich antreibt. Aber ich lasse es zu.

Mit dem Bewusstsein, dass ich heute die täglichen Teil-Etappen für das letzte Mal in dieser Form dieses Sesshin durchschreite, wächst meine innere Freude. Es gleicht einem Glücksgefühl, dass ich hier bin und es genauso gemacht habe. Ich habe durchlebt und alles geschehen lassen. Ich genieße meine vorletzte morgendliche Frischluftzufuhr und spüre, wie mein Wut-Eintopf immer noch brodelt.

Übrigens, wie alle Tage ruft Lars heute früh *»Kentan!«* in den Saal. Kurz darauf schreitet Siggi an uns sitzenden müden Geistern vorbei. Ich dachte ja zuerst, dass er damit Siggi selbst meint. Doch lerne ich, dass ›Kentan‹ der Rundgang des Zen-Meisters durch den Zendo entlang der Reihen der Zazen-Übenden bedeutet. Und zwar früh morgens während der ersten Sitzrunde eines Sesshin-Tages. Meister Siggi verschafft sich dabei einen Eindruck der Verfassung von uns gekrümmten und zerknirschten Schlaftabletten. Er wird von uns im Moment seines Passierens mit einem Gassho begrüßt. Das hat für mich nichts Religiöses, auch hebe ich Siggi nicht auf irgendeinen virtuellen Berg oder Thron, zu dem ich aufschaue. Nein, für mich ist es erneut einfach das Respekt-Zollen, und zwar auf Augenhöhe. Auch hier hätte ich die Wahl, mich nicht zu verneigen. Aber ich tue es doch und gerne, und zwar in meiner vollen Selbstverantwortung und durchaus sehr bewusst. Denn es fühlt sich gerade gut, richtig und passend an.

Dieser Tag birgt nette, fröhliche als auch für mich erstmalig traurige Momente. Der Zazen-Block vor dem Frühstück kommt zum Ende. Durch meine Birne schwirren Gedanken an meine Sitznachbarin Heidrun mit ihren Rückenschmerzen und geschwollenen, knubbeligen Fingern, und eine meiner inneren Stimmen spricht schon jetzt mit ihr: Versteck dich nicht hinter deiner Krankheit! Es sind die Gedanken! Nur Gedanken? Du bist gesund, schau nur hin. Einatmen – ausatmen. Ob ich das Recht habe, ihr das zu sagen? Wer urteilt und entscheidet darüber? Ich? Einatmen – ausatmen. Ich stecke doch gar nicht in ihr drin, also kann ich es gar nicht beurteilen, oder? Ob es richtig ist, es ihr gegenüber auszusprechen oder doch besser zu schweigen? *»Ruth, lege die Gedanken für den Moment beiseite und bleib bei dir. Zum richtigen Moment wirst du es wissen.«*

Es läutet zum Frühstück. Heidrun, mittlerweile auf einem niedrigeren Meditationsbänkchen verweilend, dreht sich zu mir herüber. »Ruth, wir reisen heute ab. Ich kann nicht mehr!« Ich bin irritiert. Och nee! »Schön, dass wir nebeneinander gesessen haben und ich dich kurz kennenlernen durfte. Alles Liebe dir.«

Kurz halte ich inne. Soll ich? Jetzt? Ja, es möchte aus mir raus. Wie das Gesinge in der Rundkirche und das Schreien im Wald. Es quillt förmlich über. Nein, es ist nicht mein Denker, auch nicht mein Kritiker und ich weiß es erst recht nicht besser. Es ist eine innere Stimme, ich weiß nicht welche, aber sie will blubbern, und zwar aus mir heraus. Warum kann ich nicht einfach schweigen? Ist es ein Kümmern um andere Krümel? Ist es ein Gefühl in mir, dem ich folge? Ist es Mitgefühl? Doch da passiert es schon und ich kann es nicht mehr aufhalten. »Darf ich dir noch etwas sagen?« Sie nickt und ich spreche meine kurzen Gedankenimpulse von vorhin aus. Dabei deute ich mit

Zeige- und Mittelfinger auf meine rechte Schläfe. »Es sind insbesondere auch unsere Gedanken, die uns steuern!«

Sie lächelt, strahlt, nickt verstehend und bedankt sich für diese Worte. Wir, die Sitzschwestern, umarmen uns innig. »Alles Gute dir, Ruth!«

Es ist das erste Mal, dass ich heute schwer schlucken muss, weil sich ein kleines Tal der Tränen in mir offenbaren möchte. Der Druck wandert von meinem Hals hinauf in meinen Kopf hinter die Augen. Wir sitzen doch alle in diesem mal mehr, mal minder gleichen ›Ent-Wicklungs-Boot‹. Ihr Ego hat also doch für den Moment gesiegt. Oder hat es sie nur beschützt? Vor einer weiteren Erfahrung? Vor weiterem, möglicherweise altem Schmerz? Wie schade, dass sie nicht bis zum Ende morgen Vormittag bleibt. Ein Freund von mir sagt immer: »Du bist der Kapitän deiner Seele.« Ich nicke ihm in der Ferne zu. Wie wahr und wie recht du hast. Nein, ich verurteile sie nicht. Jeder hat seine eigene Geschwindigkeit. So ist es ihre Entscheidung für ihre Seele und ihren Körper, schon heute die Heimreise anzutreten. Ja, ich kann nicht wissen, wie es in ihr aussieht oder sich anfühlt. Jeder trägt sein eigenes Material. Manchmal ist es schwerer und möchte in kleinen Portionen getragen und abgetragen werden. Dafür bedarf es dann eines längeren Wegs. Und manchmal trägt man mit Leichtigkeit auch einen größeren Batzen weg und erspart sich Wegstrecke und Zeit. Es tut sich eine Abkürzung auf und manchmal kommt auch die sehr plötzlich und unvorhergesehen daher. Aber am Ende kann jeder nur für sich selbst entscheiden.

Die Sonne scheint mir durch das Speisesaalfenster auf die Nase. Sandy und ich begleiten uns wieder, auch zum Frühstück, wie nebeneinander sitzende, in die Leere starrende Zazen-Wiederkäuer. Wir genießen das unverändert fantastische Essen.

Heidrun läuft mir nach unserem Frühstück nochmals über den Weg. Wir verharren und umarmen uns erneut sehr warmherzig. Schweigend. Ein langer Blick in die Augen ermöglicht es uns, die gegenseitige Freude zu erkennen und zu spüren. Mach's gut, wir sehen uns! Irgendwie, irgendwo, irgendwann. Wenn's so sein soll.

Ich dackele danach zu meinem Samu und stelle fest: Mein Ehrgeiz gewinnt dann doch für heute und mein innerer Zeuge lässt es zu. Ich entscheide, mich erneut hinten im Garten an die Rasenkanten und das Freilegen der Grenzsteine zu machen. Will ich es doch vor meiner Abreise morgen einfach erledigt wissen. Warum eigentlich? Was treibt mich da an? Warum kann ich es nicht einfach dabei belassen? Warum will ich immer noch eins obendrauf setzen? ›Höher – schneller und – weiter‹ auch hier? Ich verstehe mich gerade selbst nicht, denke aber über diesen Drang in mir nach.

Heute sitze ich noch bewusster auf meinen Weichschaum-Knieschonern. Meinen Rücken halte ich aufrecht und helfe mir bei den Zieh- und Harkbewegungen, indem ich meine Beckenbodenmuskulatur anspanne. Heute gehe ich bei dieser Arbeitshaltung achtsamer mit meinem Körper um. Auch merke ich, wie die kraftvollen Harkbewegungen meiner Wut schon jetzt als Ventil dienen. Doch bestimme ich, in welchen Portionen sie mir momentan entweichen darf. Ich kanalisiere sie sehr bewusst. Dieses Luftgemisch aus Rasen und Erde, das mir vom Boden entgegenströmt, riecht so frisch und gut. Die Sonnenstrahlen erobern sich nach und nach die schattigen Zentimeter meiner Grenzsteine. In hörbarer Nähe rollen zwei Koffer über den Kies des Parkplatzes. Als ich aufblicke, sehe ich, wie Heidrun und ihre Freundin ihr Gepäck zum Auto bringen und es einladen. Da reißt plötzlich eine weitere Wolke in mir auf.

Ich stehe in unserer Küche. Es duftet nach Kartoffeln. Oder ist es die Erde an den Kartoffeln, die ich rieche? Onkel Roberto hat sich zu mir heruntergebeugt. Er hat mal in Auschwitz gewohnt, hat Tante Elly gesagt. Ich nehme seine Hand und schaue sie mir an. Dann male ich mit meinem Zeigefinger Linien über die Hubbel an seinen Fingern. An jedem Finger eine. Ich gucke hoch in seine Augen. Warum sind die Knochen bei ihm wohl so eckig und sehen so knubbelig aus? Kalt sind die Finger nicht. Aber vielleicht hat er ja mal gefroren, irgendwann? Und deswegen ist vielleicht seine Haut da auf den Hubbeln auch immer noch so rosa? Wenn ich im Schnee ohne Handschuhe spiele, dann sind meine Finger auch immer rosa. Ich schaue zurück auf die Hand und streichele mit meiner ganz vorsichtig darüber. Vielleicht wird dann alles wieder glatt und heil? Ich glaube, das gefällt ihm. Er lächelt.

Jetzt weiß ich, wo ich solche Hände wie Heidruns schon mal gesehen hatte. Ist das Gicht? Was trägt sie in sich und auf ihren Schultern? Was hatte mein Großonkel Roberto auf sich geladen – bewusst oder unbewusst? Was musste er alles ertragen? Welchen Schmerz musste er spüren und hat ihn womöglich irgendwann ausgeblendet? Geschluckt und für den Moment bei sich behalten? Konserviert, um überleben zu können? Hat sich der Körper dann ein anderes Ventil gesucht, um mit den gegebenen Umständen klarzukommen? Oder war es am Ende sein Geist, der sich einen anderen Weg suchte? Was trage ich in mir und weiß noch nichts davon? Ist es ein Erbe? Vielleicht das Ganze auch noch in Teilen unbewusst? Mir wird jetzt jedenfalls klar, dass wir drei Häschen es waren, die am Anreisenachmittag mit großen Augen vor der Info-Tafel standen. Unsere drei Egos wollten nicht so früh jeden Morgen aufstehen. Eigentlich hätten Heidrun, ihre Freundin und ich uns mit unseren Fünf-Uhr-Protest-Bewegungen schon zu Beginn zusammenschließen können. Aber das ist heute echt Schnee von gestern. Dic bciden fahren ab.

Der Donner des Dharma und die Bauarbeiter sind heute zu Hause geblieben. Doch dafür hat uns der Dharma diesen anderen Donner, diese unvorsichtigen Geister geschickt, die überall herumpoltern. Sie nehmen einfach nicht die ›Kein-Durchgang‹-Schilder an den Glastüren zum Zendo-Vorraum wahr. Diese Jäger durchschreiten geräuschvoll unser stilles Unterholz. Durch unsere geöffneten Türen lenken sie dadurch nicht nur mich, sondern auch andere Zendo-Paddler merklich ab. *»Schwamm drüber, Ruth! Kümmere dich um dich, das ist gerade die Übung.«* Stimmt, diese Geräuschkulisse ist für den Moment auch schon wieder egal. Ich habe heute bereits so viel um mich herum erkannt, da rudere ich einfach mal zufrieden ins Jetzt zurück.

Über Gabis Startschuss zum mittäglichen schnellen Wanderzirkus muss ich herzhaft lachen. Es ist das ›Tüpfelchen auf dem i‹, und zwar genau genommen die Erkenntnis, dass nicht nur ich neben mir stehe und mein Zeitgefühl fast gänzlich verloren habe: Karate-Man, Anfang dreißig, von rechts hinter mir im Zendo, findet, so wie ich, schon um zehn vor zwei den Weg zum Brunnenrondell. Wir schreiten. Schritt für Schritt. Schnittchen für Schnittchen. Einatmen – ausatmen. Als plötzlich Gabis Klack ertönt, bleibt er unweit hinter mir stehen. Seine Turnschuhsohlen graben sich hörbar in den Kies ein, der die Pflastersteine umsäumt. Fast quietscht es und ich drehe mich kurz zu ihm um. Mit hochgerissenen Armen und zusammengezogener Stirn wendet er sich energisch Gabi zu. Sein Kinn mit Kopf schiebt sich bereits nach vorne. Was geht ab?, ruft er sichtlich, aber still genervt unserer Gabi entgegen. Ich kann es förmlich hören. Mann, ist der wütend. Dann besinnt er sich, dass dies nur ihr Start-Klack war. Mir entweicht ein innig herzhafter, doch leiser Lachgrunzer. Das soeben erkläre ich zu meinem heutigen persönlichen Sahnehäubchen! Ich laufe weiter, beobachte und lausche. *»Du bist nicht allein. Nicht im Hier und Jetzt, nicht in der Vergangenheit und auch nicht in der Zukunft. Du hast stets Wegbegleiter.«* Ja, und wenn es sogar solche sind, die nach dreieinhalb Tagen Sesshin ähnlich verpeilt sind wie ich. Solche, die sich ebenso durch den Ego-Wolf haben drehen lassen und Täler durchschritten haben, um neue Berge zu erklimmen. Manche schaffen diese Reise mit sich selbst und für manche gibt es andere Wege nach Hause.

SUSE, LIEBE SUSE, WAS RASCHELT IM STROH

Verkauf' ich mein Bettlein,
und leg mich aufs Stroh,
sticht mich keine Feder,
und beißt mich kein Floh.

Die nächste Vierziger-Session des Nachmittags beginnt. Der Zendo duftet wieder nach Weihrauch. Auch hier wird regelmäßig angenehm geräuchert und durchgelüftet.

Eine österreichische Dame, die ich erst vor wenigen Monaten in der Nähe meines Heimatorts kennenlernte, befasst sich ausschließlich mit dem Räuchern. Dafür bereist sie die Welt zu den unterschiedlichen Völkern dieser Erde, für die das Räuchern zum täglichen Aufräumen und Säubern gehört. So tun es die Beduinen in ihren Zelten ebenso wie die Indianer. Sie ergänzt ihr Wissen, das sie bis dato von ihrer Großmutter erworben hat. Sie räuchert sogar in großen Industrieunternehmen. Dafür wird im Vorfeld die Feuerwehr informiert und das Rauchmeldesystem vor Ort nur für ihre Arbeit abgeschaltet. Das finde ich interessant. Von ihr lerne ich jedenfalls, dass Weihrauch Bakterien tötet. Schon im Mittelalter wurden spezielle Schleusen vor Kirchen oder Lazaretten eingerichtet, die mit Weihrauch geräuchert wurden. Ich meine auch, dass sie in diesem Zusammenhang von Zeiten der Pest sprach, die es damals einzudämmen galt.

Wie auch immer: Fest steht für mich, dass die nahezu einhundertzwanzig Teilnehmer keinesfalls Knutschorgien oder heimliche Kuschelabende hier hinter sich haben. Auch fand meines Erachtens keine gegenseitige Ansteckung über die Luft statt, denn die ist frisch und rein. Dennoch keucht es überall um mich herum. Fast alle haben für den Moment neue Begleiter: Schnupfen, Husten, Hals-, Rücken- und Knieschmerzen. Es arbeitet in jedem von uns – auch auf körperlicher Ebene.

Ich bleibe in meiner Atmung, selbst wenn ab und an ein Nasenputz-Tröter ablenken will. Es ist in Ordnung so. Einatmen – ausatmen. Der Kampf gegen, mit und für mein Ego mündet so langsam in meine Einsichtsstraße. Ich lasse mein Ego einfach da sein. Einatmen – ausatmen. Meine Nase kribbelt gerade zum zehntausendsten Mal heute. Wo ist die virtuelle Feder, die da juckt und erneut piesackt? Nein, ich bleibe beim Atmen. Einatmen – ausatmen. Das ist meine Devise. Gleich muss ich niesen. Nein, ich will es aber nicht! Was hat Ramona gesagt? Atme es aus. Einatmen – ausatmen. Okay, das klappt nur bedingt. Eine andere Erinnerung kommt mir in den Sinn. Mein persönlicher ›Plan B‹ wird ausgepackt: Meine Zungenspitze drückt sodann gegen meine Gaumendecke. Trick-Siebzehn-mit-Selbstüberlistung! Und genau diesem Teil von mir strecke ich soeben die Zunge heraus. Ätsch! Einatmen – ausatmen. Das Kribbeln und der Niesreiz sind plötzlich wie vom Erdboden verschwunden. Ich habe gewonnen gegen diesen Ego-Floh.

Nach dem Kinhin folgt erneut ein Ramona-Teisho. Die Vorträge von allen dreien sind sehr gut. Jeder hat sein

Wissen und seinen Stil, seine individuelle Sensitivität, mit den Themen umzugehen und sie den Interessierten auf seine Art mitzuteilen. Martin empfinde ich als unglaublich starken Analytiker. Gepaart mit seinem Humor, trägt er die Worte an uns heran. Auch ihm stimme ich oft mit einem Lächeln im Gesicht zu. Wenn jedoch Ramona mit ihrer sanften Stimme ihre Zeilen vorträgt, so ist es, als würde mir eine unsichtbare Hand meine Kopfhaut kraulen. Einfach göttlich! Ich lausche ihr und genieße. Ich hätte dieses Programm gerne als Endlosschleife. Wo soll ich bitte meine Bestellung aufgeben? Die verbale Kopfmassage ist so, wie die mit dieser metallischen Kopfspinne. Bei mir setzen dann immer Sprach- und Denkzentrum aus. Für einen Moment schließe ich die Augen und spüre diesem angenehmen Gefühl nach.

Guido, mein Ex-Kollege, springt mir spontan in den Sinn. »OOO, AAA, RRR, bitte weitermachen! Das – kommt – einem – Orgasmus – schon – extrem – nah.« Er konnte damals gerade noch diese letzten Worte aussprechen, bevor sie in Fetzen übergingen und sein Sprachzentrum völlig durchschmorte.

Meine Hand machte mit diesem aufgefächerten Zauberstab auf seiner Glatze eine typische Auf- und Abbewegung, so dass die Endpunkte dieser Metallspinne sanft seine Kopfhaut massierten. Eine andere liebe Kollegin aus unserem Dream-Team stand nur beobachtend und dann prustend vor Lachen daneben. Unser japanischer Kollege schaute irritiert von seinen Zahlen vor sich auf, drehte sich um, runzelte die Stirn und wollte dann auch grinsend wissen, was das sei: »What's that?«

Und Guido, genießend und zurückgelehnt in seinem Bürostuhl mit geschlossenen Augen, antwortete ihm: »Sex for my hair!« Sex für seine nichtvorhandenen Haare. Mann, was hatten wir für einen Spaß!

Ich giggele innerlich über diese Erinnerung und lasse Ramonas Erzählung auch in mir umherkraulen. Mein nächster Atemzug. Dann passiert es auf einmal: Es rasselt still und ihre Worte treffen mich mitten ins Herz! Erneut muss ich schwer schlucken. Denn Ramona bereitet uns alle mit einer Geschichte darauf vor, dass heute unser vorletzter, aber beinahe wichtigster Tag ist. Es geht in ihrer Erzählung um das Nachhausekommen und die Überlegung, Zen und die damit verbundene Bewusstheit und Achtsamkeit im Lebensalltag zu integrieren. Sie benennt lebensnahe Beispiele. Mir kommen die Tränen, als mir bewusst wird, dass mir das bevorsteht. »Es beginnt bereits an der Haustür!« Auweia. Ich habe es fast vermutet. Es gibt dann aber keinen, der mir so leckeres Essen wie hier kocht. Da bin ich wieder auf mich allein gestellt. Ich lasse sie fließen, meine Kullertränen, und meine Taschentuchpackung leistet gerade ihren Notdienst. Die Stimmung im Raum ist sehr gedrückt. Alle horchen nach außen und nach innen. Ähnliche Gedanken durchkreuzen augenblicklich mit Sicherheit auch die anderen müden Zen-Geister. Das sehe ich ihren Gesichtern an. Auf alle Fälle bin ich hörbar nicht als Einzige mit dem Geraschel eines Taschentuchs beschäftigt. Nichtsdestotrotz ist es eine gute Vorbereitung für morgen. Auch die Worte von Martin in meinem gestrigen Dokusan hallen in mir nach. Sie stimmen mich immer noch nachdenklich. Wo geht meine Reise, wo gehen meine Gedanken hin? Ist doch das Gefühl ausschlaggebend und damit das Bauchgefühl die Antwort? Wie bekomme ich das nur im Alltag umgesetzt? Ich weiß, dass nur ich selbst mir diese Frage beantworten und darüber entscheiden kann. *»Sprich nochmal mit Ramona!«* Ja, das ist eine gute Idee. Es wird mir helfen, mich weiter zu ordnen.

Die Vorabend-Etappe bricht mir förmlich das Kreuz. Da hilft auch nicht mehr die kurze unterbrechende Geh-Medi. Für heute klappt auch kein ›In-den-Schmerz-Hineinatmen-und-Loslassen‹. Mich sticht und beißt es an allen Ecken und Kanten. Die letzte Vierziger-Runde vor dem Abendessen halte ich für mich an und drücke die Pause-Taste. Auch ich kann nicht mehr! Meine Beine entknoten sich aus dem halben Lotussitz. Ich stelle einen Fuß auf und lege meinen Kopf auf meinen, auf dem Knie verschränkten Händen ab. Dadurch erhalten Hals und Nacken ein wenig Entlastung und mein Rücken die guttuende Dehnung und Entspannung. Mir ist egal, dass alle drei Zen-Lehrer keine fünf Meter von mir entfernt sitzen und das möglicherweise mitbekommen. Doch lunzen Verurteiler und Denker in mir schon um die Ecke und beide schüren kurz meine Wut an: jetzt? So kurz vor Schluss gibst du auf? Die anderen haben doch die gleichen Zipperlein wie du. Warum gebe ich nach? Warum erlaube ich mir, diesen Weg zu gehen? Warum bleibe ich nicht der

Gruppe treu und beiße mich nicht durch? Weil ich und kein anderer in mir drinsteckt? Schande – Schande! Das soeben ist wirklich keine Glanzleistung! Ich lasse diese bewertenden Gedanken da sein und wieder gehen, ohne groß weiter in die innere Diskussion einzusteigen. Bin ich doch mittlerweile ein guter Zeuge und erkenne mein Ego. Mit all seinen Helferlein unterstützt es mich beim Herauslösen meiner Wut aus den tiefen Gefilden meines Selbst. Und ich entscheide dabei für mich. *»Gut so! Mach weiter! So langsam schichtet sich das Geschenk in dir auf.«*

Mit einem Mix aus Wut, Traurigkeit und Besinnung gehe ich zum Abendessen. Und wer freut sich, mich danach wiederzusehen? Genau, der Wald!

»Ich habe schon sehnlichst auf dich gewartet und alles vorbereitet«, meine ich, ihn rauschen zu hören. Am Ende meines zuletzt entdeckten Wegs, der zu meinem Baumstumpf führt, hole ich tief Luft. Auch heute ist es ein absolut sonorer Befreiungsschlag, der mich nun fast wieder heiser werden lässt. Auch heute lache ich über mich selbst. Ich habe das Gefühl, dass sogar ein Teil meiner Rückenschmerzen durch die Brüller verflogen ist. Alles nur Drama in meinem Kopf? Die Macht meiner Gedanken wird mir immer wieder unter die Nase gehalten. Schon oft genug habe ich am eigenen Körper und im Geist ihre Kraft gespürt. Am Anfang steht immer der Gedanke und danach erst kommt das Gefühl. Stimmt, so lautet zumindest im Moment mein Glaube.

Befreit steige ich in die letzte Tages-Etappe ein. Die gelbe Karte gezückt, sitze ich kurze Zeit später erneut vor

Ramonas Raum. Schon wieder verunsichert mich meine Denkfabrik. Was wollte ich sie noch gleich fragen? Doch etwas in mir hält wieder schützend die Hand über mich. *»Geh einfach hinein und überlege nicht lange. Und wenn du dich bei ihr nur verabschiedest und bedankst. Alles ist gut so.«*

Das Handglöckchen läutet hinter ihrer Tür und schon sitze ich vor Ramona. Sie grinst. »Schön, dass du es noch geschafft hast, so kurz vor der Abreise!«

»Ja, finde ich auch.« Wieder setze ich an die Gedanken aus den Dokusan mit Martin und Siggi an. Irgendwie hat es mich aufgerüttelt. Ich knabbere immer noch daran. Jetzt möchte ich ihre Sichtweise und Empfindung dazu hören. »Ramona, wie komme ich an die Fragezeichen in mir heran? Ich weiß, dass ich mich beruflich verändern möchte, ich kenne aber nicht die Wegrichtung. Ich habe viel nachgedacht über meinen Kopf mit den Gedanken und frage mich: Kann ich mit meinem Verstand und seinen Gedanken mein Gefühl erspüren? Oder sogar meine Sehnsucht? Vielleicht sogar meine Triebe erkennen? Wie kriege ich das alles zu fassen und wie finde ich heraus, wo und wie ich zukünftig beruflich besser aufgehoben bin? Kann ich mit meinem Bauchgefühl meinen Verstand – oder noch besser – mein Ego füttern?« Ich gebe ihr ein weiteres verwundbares Stück von mir preis. Meine beruflichen Ideen zu einem Gefühl in mir lupfen zaghaft aus mir hervor. Mit fast zittriger Stimme und gesenktem Blick traue ich mich und offenbare meine innersten und – für andere und mein bisheriges persönliches Umfeld, von denen nur wenige wissen – ›verrückten‹ Gedanken: Ob ich doch Model werden soll? Das wollte ich eigentlich schon immer. Die Welt bereisen, für andere gut aussehen, für eine gewisse Zeit in verschiedene Rollen schlüpfen. *»Mach dir zugleich einfach mal all deine Talente bewusst, die du besitzt!«* Mmmh, Singen, Tanzen, Reden?

Plötzlich erhalten die Fragezeichen der gesamten letzten Zeit in mir ihre Antworten. Es ist, als würde sich Wickie mit seinem Finger an der Nase reiben, alle leeren Gedanken-Blasen über mir zerplatzen und dahinter versteckte Krümel sich zeigen: Ja, lachende, hibbelige, fröhlich-hüpfende und klatschende Krümel. »Ruth, folge deinem Herzen! Verstand ist schön und gut. Auch Gefühl ist wunderbar. Doch schau hin, wonach dein Herz sich sehnt«, rät Ramona mir, denn sie scheint zu erkennen.

Ich habe Gänsehaut und mir verschlägt es sogleich die Sprache. In mir herrscht augenblicklich Atemstillstand und Schockstarre. Ein stiller, zeitloser Moment, ein bisher mehr neutraler Ort in mir, den ich mir nun doch endlich erlaube weiter zu betrachten? Ein Weg in mir, dem ich durchaus folgen darf? Ramona hat mit dieser Antwort bei mir den Nagel auf den Kopf getroffen. Sie berührt mich tief und bestärkt mich gerade darin, diese bisher eher leblose Stelle in mir, wieder mit Färbung und Freude zu versehen und wiederum mit Leben zu füllen. Wann hatte ich diesen Ort das letzte Mal betreten? Also, so wirklich und intensiver betreten? In Kindertagen? Vor meinem Spiegel im Kinderzimmer? Oder dem großen im Schlafzimmer meiner Eltern? Wann hatte ich von diesen Ideen zuletzt doch wieder losgelassen? Nachdem keine

Reaktion auf meine Bewerbung bei Thomas Gottschalk kam? Wie könnte ich meine Talente noch besser leben? Ich atme weiter. Tiefe Tränen steigen schon wieder in mir hoch. Ich lasse sie zu und sie kullern an meinen Wangen herunter. Ich könnte so richtig losheulen, aber ich bleibe doch einigermaßen gefasst und atme noch einmal tief durch. Ramona formuliert genau das, was meine Ohren hören möchten. Etwas in mir erhält endlich die Auflösung, Klärung und auch irgendwie die Erlaubnis dafür, was ich mir vielleicht lange Zeit unbewusst verboten hatte. Ein Verbot, Gedanken, Ideen und Gefühle dazu in mir wieder zuzulassen? Die eigene Zustimmung, die nur ich mir geben kann und die ich lange verdrängt und vielleicht sogar einfach ausgeblendet hatte? Diese Erlaubnis hat mir Ramona gerade ins Gedächtnis gerufen und sie mir bewusst gemacht. Wow! *»Liebes, sie hat recht. Und mit der richtigen inneren Haltung ist sowieso alles möglich. Vertraue!«*

Ramona lächelt liebevoll. »Erinnere dich an deine tiefste Sehnsucht und nimm dir für deinen Langzeitaufenthalt tatsächlich auch einen Notizblock mit. Damit erhalten die Prozesse, die du hier bereits angestoßen hast, nochmals auf einer anderen Ebene Impulse.«

Ihre Worte berühren mich so dermaßen in meinen inneren Eingeweiden, dass ich es selbst kaum glauben kann. Doch lacht mein Herz jetzt schon, ich nehme es bewusst wahr, denn ich habe starkes Herzklopfen und mir wird warm. Mein Herz weiß, dass Ramonas Anregungen richtig sind. Es ist, als gäben sie mir meine Erinnerung an mich selbst zurück: Handwerkszeug, das den Schuster in mir zu meinen eigenen Leisten zurückführt.

»Ramona, ich danke dir sehr für deine Worte. Jetzt habe ich meine Antwort. Ich bin klarer und kenne die Richtung meines Wegs.« Welch wirkliches Geschenk dies für mich ist!

Wir lachen beide. Sie wirkt sehr menschlich und vor allem so warmherzig. »Ruth, ich wünsche dir alles Gute.«

Leider wird sie bei meinem nächsten Aufenthalt nicht vor Ort sein. Sie verweist mich aber schon heute auf Martha. Ich bin beruhigt, denn für mich ist es wichtig, dass eine Frau in dem Dreier-Team der Zen-Lehrer zugegen ist. Sie sieht, empfindet Dinge und spricht sie nochmals anders aus.

Zurück auf meinem Sitzplatz im Zendo findet Siggi kurze, aber prägende Abschlussworte dieses letzten Abends: »Macht weiter, gebt nicht auf und bleibt in der Übung, auch wenn ihr gleich ins Bett geht. Heute ist ein ganz besonderer Tag, der vorletzte und wichtigste.« Ja, es passiert und macht etwas mit uns. Mittlerweile gebe ich mir das doppelt, nein sogar dreifach schriftlich!

Fast schon schlaftrunken tappe ich die Treppe hoch. An der Zimmertür stelle ich fest, dass der Schlüssel nicht passt. *»Ruth, aufwachen und wieder zurück in die Achtsamkeit!«* Verdutzt schaue ich mich um. Wieso ist denn hier heute alles grün? Die Zimmernummer vor mir klärt mich auf. *»Träumerle!«* Ich bin ein Stockwerk zu früh abgebogen. Grinsend pilgere ich gemütlich eine Etage höher. Ist es auch eine Gabe, über sich selbst lachen zu können?

FEIERABEND

Alle Leut', alle Leut' geh'n jetzt nach Haus',
geh'n in ihr Kämmerlein,
lassen fünf grade sein.
Alle Leut', alle Leut' geh'n jetzt nach Haus'.

– Abreisetag – Tag 6 –

Klock – klock – klock. Ich stehe auf und belasse das Bett heute so, wie es ist. Ich werde es sowieso nachher abziehen und für den nach mir eintreffenden Besucher neu herrichten. Mensch, geht's mir gut. Ich fühle mich glücklich und erleichtert.

Pünktlich um zwanzig vor sechs begrüße ich unseren Gockel: Moin, du Hahn im Korb! Hinkst ja zeitlich immer noch hinterher! Willst wohl deinem Harem noch eine halbe Stunde mehr Schönheitsschlaf gönnen, was? Ich merke, wie mittig ich heute gehe. Im Inneren wie im Äußeren. Mir ist egal, ob ich überholt werde, denn ich bin bei mir und in meinem eigenen Tempo. Ich erlaube mir einfach, gemütlicher zu laufen. Kein Drang im Moment, ein ›Höher – schneller – weiter‹ in mir erfüllen zu müssen. Ist das göttlich! Und bei alledem bin ich gerade bewusster und achtsamer denn je.

Unser Sesshin-Programm heute läuft bis zur letzten Vierziger-Runde vor dem Frühstück genauso wie an jedem Tag ab.

Dann lauschen wir Lars' Abschlussworten. »Einen herzlichen Dank von uns beiden an euch für das tolle Zusammenspiel. Ihr dürft jetzt wieder reden.« Lächelnd blickt er zu Gabi, die grinsend nickt.

Ich tausche mich nun mit meiner Rückenkuschel-Nachbarin aus. Wir lachen nochmals darüber, dass wir regelmäßig bei unseren Sitzvorbereitungen uns mit unseren Rücken berührt haben. Mich durchfährt kurz der Gedanke an meine Heimfahrt und wie ich nach Hause komme, doch dann werde ich von einem Gefühl in mir beruhigt. *»Warte ab, es gibt Möglichkeiten!«*

Am Frühstückstisch stehen wir wie gewöhnlich vor unseren Stühlen. Noch schweigend halten wir diese Regel hier ein. Doch die erste Tat nach dem Hinsetzen ist, dass wir uns endlich alle am Tisch, speziell unseren direkten Sitznachbarn, einander persönlich vorstellen.

Der Mittvierziger rechts neben mir, der mit Krum und dem Aufstrich an Pulli und Hose, reicht mir seine Hand. »Ich bin Steffen.«

Auch ich stelle mich ihm vor. »Danke, dass du mir immer so gentlemanmäßig mit deinem Stuhl Platz gemacht hast. Das wäre sonst jedes Mal mit dem Aufstehen sehr eng geworden.« Steffen besucht das Zentrum schon seit sechs Jahren, arbeitet bei einer großen internationalen Bank, ist Manager und kommt, ich glaub es kaum, aus meinem Nachbarort! Ich zögere nicht lange. »Hast du eventuell noch einen Platz in deinem Wagen frei?«

»Ja klar, ich würde sonst alleine fahren. Kannst gerne mitfahren!«

Unglaublich! Welch eine Fügung. Fantastisch. »Super, danke Steffen!« Wieder etwas gelernt: Ich darf einfach genau darauf vertrauen, wie ich es gemacht habe. Nicht groß planen und organisieren. Manche Dinge ergeben sich einfach von selbst. Wie gut, dass ich noch keinen Rückfahrschein gelöst hatte. Weg mit der Vorauskontrolle! Weg mit dem Sicherheitsdenken und dem ›Was-ich-hab-das-hab-ich-das-kann-mir-keiner-nehmen!‹ Mein Gefühl sagte mir eigentlich schon im Vorfeld, dass ich irgendwie heimkommen würde. Doch hatte mein Verstand, mein Ego, es beiseitegeschoben und ihm damit nicht getraut. Es war mir vielleicht auch nicht so richtig bewusst. Jedenfalls rührte dort meine Unsicherheit her.

Links von mir grinst mich Rafael an und stellt sich vor. »Ich komme aus der Schweiz, bin aber ursprünglich hier aus der Ecke.« Mein Blick stupst auf seine Zucchini-Saucen verfärbte Hose. »Kein Problem, Ruth, wofür gibt es Waschmaschinen?« Ich lache. Auch er besucht regelmäßig seit Jahren das Zentrum. Oh Mann, ich fühl mich hier so was von richtig, verstanden und gut aufgehoben. *»Ja, das sind alles gleich oder ähnlich gesinnte Wegbegleiter!«*

Wir haben zu Ende gefrühstückt. »Ist zehn Uhr am Empfang okay, Steffen?« Er nickt. »Äh, ich geh nämlich nochmal rüber in die Buchhandlung.« Grinsend, mit entsprechender Kopfbewegung, fordert er mich beinahe dazu auf. Ich schmunzle.

Dann verabschiede ich mich noch von Rolf mit Pferdeschwanz aus Hannover, der vom ersten Tag neben mir am Tisch und mit den aufmunternden Blicken zwischendrin tags. Meiner Essensgefährtin Sandy gebe ich eine innige Abschiedsumarmung. Zu guter Letzt sitze ich noch bei Manuel aus dem Odenwald, mein Walkinggefährte vom Tag des Dharma-Donners. Wir schnacken nur kurz, denn er hat noch seinen Küchendienst zu erledigen.

»Bist du auch später noch in ›La Drogeria‹?«

Wie bitte? Herzhaft amüsiere ich mich über diese Bezeichnung. »Ja, das eine oder andere Buch will sicherlich noch mit.«

»Okay, dann sehen wir uns dort!«

Wir verlassen den Saal und gehen unseren Pflichten nach. Denn bis zur Abfahrt gibt es einiges zu tun: Zimmer aufräumen, putzen und für die nachfolgenden Besucher das Bett beziehen. Das ist ein Teil des Systems hier. Auch dadurch bin ich ein Teil des Ganzen.

Zurück im Zimmer erwartet mich schon Angela. Wir umarmen uns und tauschen unsere Eindrücke aus.

»Es scheint, dass du für dein erstes Mal gut klar kamst. Ich bin seit Jahren hier und pendle zwischen Kontemplations- und Zen-Kursen, so wie es mir gerade zeitlich reinpasst. Es ist egal, welchen Weg man wählt. Alle Wege führen nach Rom. Und hier ist das verbindende Glied eben die Meditation.« Ihre Worte berühren mich. Ja, es gibt viele Wege. Keiner ist besser und keiner schlechter. Und ich bündele irgendwie beides in mir, zwei Seiten, zwei Richtungen, zwei Ursprünge. Zwei Prägungen? Eine jüdische und eine christliche?

»Im Großen und Ganzen kam ich gut klar, auch wenn es in mir gearbeitet hat.«

»Ja, das ist der Sinn, Ruth, beziehungsweise ein Nebeneffekt! Gut, dass du in zwei Wochen wiederkommst. Dann kannst du nochmals tiefer in dich hineinschauen!« Ich nicke. Sie kratzt sich nun fast verlegen am Kopf. »Im Übrigen hatte ich bisher immer so nette Zimmernachbarinnen. Aber ohne dich und dein Gehör hätte ich bei diesem Aufenthalt wirklich das eine oder andere Mal verpennt. Du warst mein persönlicher Wecker. Danke!«

»Ja, Angela, es hat einfach gepasst mit uns beiden.«

Sie ist schneller als ich mit dem Kofferpacken fertig. Während ich mein Bett noch herrichte, putzt sie gemäß Anleitung das Badezimmer. Gemeinsam bringen wir die gebrauchte Wäsche in die bereitgestellten Körbe hinunter, die Zahnbecher in die Küche und den Müll in die gesonderten Tonnen. Ein letzter Blick ins Zimmer und wir sind uns einig: »Auf geht's!«

Mein Koffer ist immer noch schwer, aber etwas in mir hat sich verändert. Es ist innerliches Gewicht und Spannung von mir abgefallen. Merklich! So trage ich meinen äußerlichen Ballast heute irgendwie in Leichtigkeit und mit einem Lächeln im Gesicht aus dem dritten Stock hinab. Meinen Koffer deponiere ich am Empfang.

»Mach's gut und komm gut heim!« Angela und ich drücken uns ein letztes Mal und schon ist sie weg.

Ich schaue mich um. Hier herrscht reges Kommen und Gehen. An der Info-Tafel hängt bereits das Programm des nächsten Kurses für die heutigen Neuankömmlinge. Alles ist bestens durchorganisiert.

Ein Blick auf die Uhr zeigt mir, dass ich noch genügend Zeit für meine Schmöker-Runde in La Drogeria habe.

Mich interessiert ein persönlicher Themenbereich, meine Talente, dort wo mein Herz mich jenseits meines bisherigen beruflichen Alltags hinzieht. Ich durchblättere diese Bücher. Schließlich kaufe ich mir ein kleines Büchlein von Siggi. Es sind Sinnsprüche, um weiter zu reflektieren. *»Das wird dir helfen.«*

Manuel steht plötzlich neben mir. »Da bist du ja! Ich habe dich schon gesucht.« Er wird jetzt abfahren, da er einhundert Kilometer vor sich hat.

»Wie? Du fährst mit dem Fahrrad? Mein lieber Scholli! Respekt!« Er hat sich für einen gemütlichen Weg zurück in den Odenwald entlang des schönen Mains entschlossen. Toll! Der Kerl beendet seine persönliche Pilgerreise mit dem Drahtesel. Wir umarmen uns lange und schauen uns dann tief in die Augen.

»Bis zum nächsten Mal«, flüstere ich ihm ins Ohr.

»Ja, bis zum nächsten Mal, Simpatica!«

Wir werden sehen, wann wir uns wiedersehen. Wenn der Zufall es will, dann bei einem nächsten Sesshin oder sonst irgendwo auf dieser Welt.

IM FRÜHTAU ZU BERGE

Wir geh'n, fallera,
es grünen alle Wälder, alle Höh'n, fallera.
Werft ab alle Sorge und Qual
und wandert mit uns aus dem Tal!
Wir sind hinausgegangen,
den Sonnenschein zu fangen:
Kommt mit und versucht es auch selbst einmal!

Kurze Zeit später steht Steffen vor mir. »Na, hast du den Laden schon leer gekauft?« Ich schüttle verschmitzt den Kopf. »Fertig?«

»Ja, ich bin abmarschbereit.«

Wir treten die Heimfahrt an. Auf dem Weg zur Autobahn passieren wir Manuel auf seinem bepackten Fahrrad, dem ich nochmals zuwinke. Ciao Bello!, flirtet mein Innerstes. Er winkt energisch zurück und freut sich sichtlich.

Steffen und ich haben knappe zwei Stunden Autofahrt vor uns. Wir lernen jetzt verbal einander kennen. Jeder gibt ein wenig mehr von sich preis. Wir unterhalten uns über Gedankenstrukturen, Prägungen, Menschen, Kulturen und Generationen. Auch über Eltern und Freunde.

Hier plaudert er aus seinem Nähkästchen. »Ruth, weißt du, was meine Mutter mich immer fragt, wenn sie mitkriegt, dass ich wieder zu ›Siggi & Co.‹ fahre?«

»Nee, aber hau raus, ich will's wissen!« Ich kichere jetzt schon.

Er holt Luft und verändert seine Stimme, damit ich mir seine Mutter noch besser vorstellen kann. »Jung', fährst du wieder zu deiner Sekte ins Kloster?«

Ich krümme mich vor Lachen. »Herrlich!« Mit Tränen in den Augen bin ich dran. »Weißt du, was ich immer zu hören bekomme?« Er grinst erwartungsvoll und auch ich verändere meine Stimme, jedoch in einen rauchig gedämpften Ton. »Na? Gehst du wieder zu deinen Esoterikern und Spirituellen?«

Auch er prustet los und trocknet sich dann seine Lachtränen. »So hat letztlich jeder seine eigene Brille, durch die er auf die Dinge schaut.«

Wir sind uns einig, dass unsere Generation, er ist acht Jahre älter als ich, sich mit Themen befassen darf, die nichts direkt mit Krieg, Nachkriegszeit, Trümmerabbau und neuem Existenzaufbau in Deutschland zu tun haben. Es ist die Zeit, die jetzt ist. Es ist unsere Zeit. Und wir nutzen sie für uns genau richtig. Ja, wir beleuchten uns, wir machen uns Dinge bewusst und reden darüber. Möglicherweise sind es Fakten und Erlebnisse, die in der Vergangenheit verschwiegen wurden. Vielleicht sind es Dinge, die nun endlich an die Oberfläche kommen, betrachtet und in unserer Generation einfach verarbeitet werden möchten? Mein Blick pendelt zwischen ihm und der Landschaft um uns herum. Wir reden und philosophieren. Es macht Spaß, sich mit ihm auszutauschen.

Die Zeit vergeht wie im Flug. Steffen will mich vor die Haustür fahren, doch ich bestehe darauf, die letzten Meter meiner ›Reise zu mir selbst‹ bewusst zu Fuß zu gehen. Er versteht und lässt mich kurz vorher raus. Sicherlich sehen wir uns bald wieder, da auch er hier vor Ort eine Zen-Gruppe sucht, in der man regelmäßig ›sitzt‹ und geh-meditiert.

Fünfzehn Meter vor der Haustür muss ich an Ramonas Worte denken. »Spätestens an der Haustür beginnt dein Alltag.« Ein paar Meter weiter steht mein Nachbar, wissbegierig wie immer, und begrüßt mich mit Worten, die ich zunächst gar nicht verstehe. Er fragt erneut nach. »Parkst du am Friedhof?« Sicherlich wundert er sich schon seit längerem, wo mein Firmenwagen geblieben ist. Meine Gedanken zu ihm spulen sich in mir ab und er erhält nicht die Antwort darauf, dass es diesen Wagen nicht mehr gibt. Ich lächle innerlich und stelle fest, dass mein Nachbar, so wie er ist, ganz okay ist. Ich belasse ihn in seiner Neugier. Mir wird gerade noch einmal mehr bewusst, wie jeder von uns seine eigenen Konditionierungen besitzt. Er ist wirklich ein netter und lieber Kerl.

»Nein!«, fällt meine Antwort kurz und knapp aus, gefolgt von meinem »Einen schönen Sonntag noch!« und gehe hinein durch das Tor zu meinem Alltag. *»Ah, auch in dieses Vergnügen!«*

Mittlerweile haben wir zwölf Uhr und mein Magen knurrt: Hunger! Ja, hast ja recht. Gleich doch! Die Tür fällt ins Schloss. »Jemand zuhause?« Doch es bleibt still. Okay, mein Mitbewohner scheint ausgeflogen zu sein. Ich bin allein. Mein Gepäck lege ich ab und biege ins Wohnzimmer ein.

Es duftet nach Frischgebackenem. Ein lieblich gedeckter Esszimmertisch breitet sich vor mir aus. Gänseblümchen in einer kleinen Vase, eine Kerze, ein Feuerzeug daneben. Offensichtlich selbstgemachtes Walnussbrot im Körbchen und ein handgeschriebener Zettel meines Mitbewohners liegen bereit: ›Willkommen daheim, Zuckerschnitte! Schön, dass du wieder da bist. Bei den E-Mails war nichts Wichtiges dabei. Die verpasste Folge von deinem Model-Kram kannst du *streamen*. Bin bald zurück, dann erzählst du mir von allem, ja? Guten Appetit!‹ Wie süß von ihm. Ich schaue gen Himmel und hauche ein »Lieber Gott, danke!« aus – zum einen in der Vorfreude auf die Model-Folge, zum anderen auf die Aussicht, direkt hier und jetzt etwas essen zu können. Yippeee!

Ich nehme Platz, zünde die Kerze an und verbeuge mich lächelnd mit Gassho – ganz im Stil der letzten fünf Tage. Ich sitze da und esse. Ich b i n K a u e n , betrachte mir dabei die Brotkrümel um das Platzdeckchen herum. Sind diese Krümel hier von mir? *»Ja, vielleicht.«* Ein zufriedenes Grinsen macht sich im nächsten Moment in mir breit. Ich fühle mich runder. Äußerlich bin ich hier zu Hause und auch innerlich bin ich mir selbst wieder nähergekommen. Meinem eigenen, innersten Selbst. Es hat mich verändert. Diese Tage dort haben mich verändert. War's das eigentlich jetzt? Ich grinse meinem Ego zu, auch meiner inneren Freundin und all den anderen inneren helfenden Stimmen. Sie freuen sich. Spätestens in zwei Wochen knüpfe ich an die bisherige Reise an. *»Das wird eine tiefschichtigere Entdeckungstour.«* Stimmt, das ist so sicher wie das *Amen* in der Kirche. Ich weiß es!

Als mir mein letztes Stück Walnussbrot den Schriftzug meines Frühstücksbretts gänzlich preisgibt, dringen Freudentränen aus mir empor. Es ist das Brett, das ich letztens erst von meinem geliebten WG-Partner geschenkt bekommen hatte. Ich fühle mich glücklich, als ich leise lese:

›Die Krümel sind nicht von mir!‹

NACHGEKRÜMELT

Der Alltag hat mich wieder und doch nicht. Ja, ich vermisse das leckere Bio-Essen des Zentrums. Aber bald bin ich wieder dort. Das vor zwei Wochen gekaufte Zen-Kochbuch steht schon parat und mein Frühstück ist die letzten beiden Wochen eindeutig ballaststoffreicher geworden. Was hat sich noch verändert seit meinem Sesshin? Ich esse ruhiger und bewusster. Mein Tablet bleibt tatsächlich während meiner Mahlzeiten auf dem Couchtisch liegen. Demnach schlucke ich auch keine äußerlichen Zutaten mit herunter, sondern einzig und allein die Stille sowie die Gedanken und Gefühle in mir. Okay, manchmal höre ich beim Essen Radio, aber dann vertrage ich nur leichte Kost und keinen Hardrock. Das ist einfach nicht mein Ding. Was hat sich noch getan? Mein Mitbewohner empfindet mich entspannter und ich mich auch. Ich kann jetzt mehr ›Fünfe gerade‹ sein lassen, bin irgendwie stärker im Vertrauen, als ich es noch vor drei Wochen war. Auch in dem Vertrauen, dass sich mein beruflicher Weg, der mich irgendwann gänzlich erfüllt, zeigen wird. Ich habe mittlerweile Vermutungen, warum ich vor Jahren in meinem eigenen Hamsterrad gefangen war und schließlich geräuschlos ins Burnout hineinschlidderte. War hier mein Ego der Verursacher oder nur ein Mitspieler gewesen? Nein, es hatte sich wirklich nicht angekündigt. Es war mit ›Kawumm‹ in meinem Leben! Einfach da! Dort, wo ich die Überforderung bei meinen Lieblingskollegen längst erkannt hatte, mussten mir nun genau diese Freunde, die sich Monate vor mir wegen selbigem Symptom eine gezwungene Auszeit nahmen, meinen Kopf zurechtrücken. Dann war ich an der Reihe gewesen. Aber ich habe noch nicht alles erkannt, obwohl es bereits neun Jahre zurückliegt. Ich knabbere immer noch an meiner ›Mrs. Einhundertfünfzig-Prozent‹, meinem eigenen, wahrscheinlich mir selbst auferlegten Perfektionismus. Bin ich nun endlich der wichtigste Mensch in meinem Leben? Ja? Nein? Jein? Nach all den Jahren fällt es mir immer noch schwer, mich gänzlich um meine eigenen Krümel zu kümmern. Um mein persönliches Empfinden. Um meine eigenen Wünsche und Sehnsüchte? Aber, warum nur? Warum gibt es in mir immer noch diesen Antrieb, der mir manchmal einfach keine Ruhe lässt? Ein Drang, der mich oft bis zur völligen Erschöpfung treibt, bei dem ich nicht das ›Nein, es ist genug!‹ in mir finde, es äußern und danach leben kann. Eine Erschöpfung, bei der ich nur noch komatös ins Bett fallen kann. Ego? Work-Life-Balance? Was genau steckt dahinter? Und warum habe ich immer noch ständig Hunger? Hunger auf Essen, aber auch Hunger auf die Fragen, die mein Innerstes angehen. Hunger darauf, meinen Weg, meine persönliche Spur endlich weiter zu entdecken. Wiederzufinden? Was trage ich noch in mir? An persönlichem Erbe, an möglichem Schmerz, an Gedanken- und Verhaltensmustern, an manchmal mir selbst unerklärlichen Eigenarten, Süchten und Sehnsüchten, die ich mir womöglich unbewusst zurechtgelegt oder auch Schuhe, die ich einfach angezogen bekommen und ich zunächst einmal als Kind ungeprüft akzeptiert habe? Krümel, um die ich meine, mich heute immer noch kümmern zu müssen? Welche Rollen spiele ich in meiner Komfortzone? Opfer- oder doch Täterrolle? Wo habe ich es mir hierin gemütlich gemacht und halte an Dingen fest, die ich mittlerweile loslassen darf? Sind es Wunden und Verletzungen? Von mir oder von anderen? Werde ich den Mut und die Kraft haben, aus diesem Bereich von mir selbst herauszutreten und mich noch intensiver im eigenen Spiegel zu betrachten?

Die Gespräche mit meinem WG-Partner taten gut. Auch meine Freunde Julia und Bob habe ich mittlerweile wiedergesehen. Wir verstehen uns. Wir, die ein und derselben Generation entspringen.

Werde ich vielleicht also doch meine Modelkarriere einschlagen? Etwas, wovon ich schon so lange träume, es mir aber nie zugetraut und bisher nicht wahr gemacht habe? Was gilt es noch zu erkennen? Tief in mir spüre ich eine Gewissheit, dass die kommenden drei Wochen spannend und besonders sein werden.

KINDERLIEDER UND ABZÄHLREIME

Der Ursprung der Kinderlieder und Abzählreime wurde bestmöglich recherchiert. Die Autorin hat persönliche, mündlich überlieferte Versionen verwendet wie auch schriftlich niedergelegte Varianten aus der Literatur. Die Lieder und Abzählreime sind gemeinfrei und ins Volksgut übergegangen.

Dem interessierten Leser seien als Auszug u. a. folgende Quellen der Recherche gegeben:

1) Köhle, Fritz: Alte deutsche Kinderlieder. München, Bernhard Funck Verlag, 1947

2) Krentzlin, Richard: Deutsche Kinderlieder. Berlin-Lichterfelde, H. R. Krentzlin Unterrichtsverlag, o. J. (ca. 1930)

3) Kühn, Maria: Alte deutsche Kinderlieder. Macht auf das Tor!, Königstein im Taunus und Leipzig, Karl Robert Langewische Verlag, 1921

Es tanzt ein Bi-Ba-Butzemann: vgl. 1), S. 69

Hopp, hopp, hopp, Pferdchen lauf Galopp!: vgl. auch 2), S. 5 und 3), S. 56

Der Kuckuck und der Esel: vgl. auch 2), S. 19

Ein Männlein steht im Walde: vgl. 2), S. 16

Summm, summm, summm!: vgl. auch 2) S. 4

Suse, liebe Suse, was raschelt im Stroh: vgl. auch 1), S. 10 und 2) S. 21

Das Wandern ist des Müllers Lust: vgl. auch 2), S. 46

Zwischen Berg und tiefem, tiefem Tal: vgl. 1), S. 125

GLOSSAR

Amen	Das hebräische Wort ›amen‹ bedeutet als solches: ›glaube!‹ oder ›glaube es!‹ (in Imperativform). Die weiter gefasste Übersetzung mit ›wahrlich‹, ›gewiss‹, ›so geschehe es‹ trifft im weitesten Sinne ebenso zu und drückt die eigene Zustimmung zu Gebet und Segen anderer aus.
Bobbemaises	Jiddisch, auf Deutsch: ›Omas Erzählung‹ oder auch einfach nur hier in der Bedeutung ›Blödsinn‹ zu verstehen. ›Bobbe‹ bedeutet ›Oma‹, ›Maisses‹: die Erzählung, die Geschichte
Chanukka	achttägiges, jüdisches Lichterfest zur Erinnerung an die Neuweihe des Jerusalemer Tempels
Dharma	die Wahrheit, die Lehre, das Absolute; das Gesetz des Universums
Digital Detox	Englisch, auf Deutsch: digitale Entgiftung, der bewusste Verzicht auf die Nutzung digitaler Medien und Geräte
Dokusan	die Begegnung unter vier Augen mit dem Zen-Meister; die besprochenen Inhalte, die oft sehr persönlichen Fragen, Anliegen

	und Antworten des Schülers betreffen, unterliegen der absoluten Vertraulichkeit
eingemachte Lachadaudes	Das Gebet ›Le Cha dodi‹ wird freitagabends gebetet. Man begrüßt damit den *Shabbat.* Deutsche und polnische Juden sprachen dies mit ihrem Dialekt anders aus, hier als ›Lechadodi‹. Die deutschen Juden formten wiederum ihre eigene Aussprache weiter mit ›Lachadaudes‹.
Gassho	sich mit zusammengelegten Handflächen traditionell verbeugen
Glauben	Definition hier konkret: Plural des Wortes ›Glaube‹
Herz-Sutra	Es beinhaltet Erklärungen bzw. die Essenz über die Vervollkommnung der Weisheit. Das Herz-Sutra ist in Sanskrit verfasst.
Insta	abgekürzt, steht für: Instagram, eine Social Media Plattform
Jiddisch	Jiddisch ist eine rund tausend Jahre alte, eine aus dem Mittelhochdeutschen hervorgegangene westgermanische Sprache, die von aschkenasischen Juden (im Gegensatz zu den sephardischen Juden) in weiten Teilen Ost-Europas gesprochen und in hebräischen Buchstaben geschrieben wurde und von einem Teil ihrer Nachfahren bis heu-

te gesprochen und geschrieben wird. Als aschkenasische Juden bezeichnen sich mittel-, nord- und osteuropäische Juden und ihre Nachfahren. Als Sepharden verstehen sich die Juden und ihre Nachfahren, die bis zu ihrer Vertreibung 1492 und 1513 auf der Iberischen Halbinsel lebten.
Für weitere Information sei auf https://de.wikipedia.org/wiki/Jiddisch und andere zahlreiche Internetquellen verwiesen.

Kentan	bedeutet soviel wie ›Ansehen des Tan (Sitzplatz)‹: Kontrollrundgang des Zen-Meisters, um sich einen Eindruck von der Verfassung der Schüler/Übenden zu verschaffen
Kinhin	Meditation während des Gehens oder das Gehen in Bewusstheit und Achtsamkeit – schnell oder langsam
Kontemplation	Sie kann als (westlicher, mystischer) Weg der Beschaulichkeit verstanden werden. Sie wird auch mit ›konzentriertes Nachdenken‹ oder ›geistige Versenkung in etwas‹ übersetzt.
koscher	den jüdischen Regeln für die Zubereitung von Speisen entsprechend
Le Chaim	Hebräisch, auf Deutsch: ›Aufs Leben!‹
Mantra	eine meist kurze Wortfolge, die oft wiederholend rezitiert wird

Moola-Mantra	Das Moola-Mantra kann als ein besonderes Heilmantra verstanden werden und feiert in seinen Worten die eigene innere maskuline und feminine göttliche Energie. Es soll das eigene innere Licht, quasi die göttliche Kraft, in sich selbst vertiefen. Es dient dazu, die Lebensgeister zu erwecken. Das Vertrauen in das Leben und die Freude über die eigene Existenz soll damit aktiviert werden. Als Ausdruck für den angestrebten inneren Frieden singt oder rezitiert man dieses Mantra feierlich. Vgl. hierzu u. a. https://germanblogs.de/moola-mantra-text-und-uebersetzung-des-heilmantras/
Om Sat Chit (…)	vgl. Moola-Mantra
Post	Englisch, auf Deutsch: Beitrag. Ein Bild-, Video- oder Textbeitrag auf einer Plattform der Sozialen Medien oder Webseite
Ratzefummel	umgangssprachlich, auf Hochdeutsch: Radiergummi
RB	abgekürzt, steht hier für: Ruths Burnout
Samu	konzentriertes Tätigsein
Sanskrit	Altindische Sprache bzw. die Variationen daraus. Sanskrit spielt im Hinduismus eine

	wesentliche Rolle. Zahlreiche Mantren und Schriften sind in Sanskrit festgehalten.
Schlamassel	Jiddisch, auf Deutsch: ›Schlimmes Glück‹ oder ›Unglück‹: ›Massel‹ in der hebräischen (›Masall‹) oder jiddischen (›Masel‹) Bedeutung von Glück, ›Schla‹ in Anlehnung an das deutsche ›schlimm‹
Sesshin	Ein Sesshin ist eine Periode unterschiedlicher Länge mit konzentrierter Zen-Meditation. Es findet in einem Zen-Kloster oder Trainings-Zentrum statt, wobei viel intensiver Zazen praktiziert wird als in der täglichen Zen-Praxis. Das Programm eines Sesshin ist gekennzeichnet durch häufige und ggf. längere Meditationsperioden. Längere Sitz-Perioden werden oft durch Geh-Meditationen unterbrochen. Das praktizierte Schweigen dient der Konzentration und Nicht-Ablenkung. Vgl. auch https://de.wikipedia.org/wiki/Sesshin
Shabbat	Der Shabbat, auch Sabbat oder Schabbat, (auf Jiddisch: Schabbes oder Shabbes, in Deutsch: Ruhetag, Ruhepause, von hebräisch schabat: aufhören, ruhen) ist im Judentum der siebte Wochentag, ein Ruhetag, an dem keine Arbeit verrichtet werden soll. Seine Einhaltung ist eines der Zehn Gebote. Er beginnt wie alle Tage im jüdi-

	schen Kalender am Abend und dauert von Sonnenuntergang am Freitag bis zum Eintritt der Dunkelheit am folgenden Samstag. Vgl. auch https://de.wikipedia.org/wiki/Schabbat
Stories	Englisch, auf Deutsch: Geschichten, hier im Sinne von kurzen Video-, Bild- oder Textgeschichten in den Sozialen Medien Plattformen oder auf Webseiten
streamen	vom Englischen ›to stream‹, auf Deutsch: strömen; bedeutet: übers Internet (u. U. mittels App) Videos/Filme/Serien (programmzeitenunabhängig) anschauen
Swap	Englisch, auf Deutsch: tauschen oder austauschen
Teisho	Japanisch, auf Deutsch: Vortrag, ›Darbringung der Rezitation‹ und ›Darlegung der Zen-Erfahrung durch den Zen-Meister‹
un petit peu	Französisch, auf Deutsch: ein kleines bisschen
Zazen	die Zen-Übung, also das absichtslose Sitzen, Gehen oder gar Arbeiten in Meditation – im Hier und Jetzt
Zendo	Meditationssaal

DANKESWORTE

Ich möchte allen Wegbegleitern danken, denen ich bis heute – zum Abschluss dieses Buches – begegnet bin. Ihr habt mich geprüft, gestützt, herausgefordert, geliebt, mir geholfen und Heimat gegeben. Ohne Euch würde dieses Buch nicht das Licht der Welt erblickt haben.
Von Herzen danke ich ebenso all denjenigen, die dieses Projekt in den acht Jahren seines Entstehens lektoriert haben.

Dina Neumann, Januar 2022

Mehr zu den Krümeln unter:

Ruth Kirschbaum, Single, vierzig, hat Geschmack gefunden an dem, was mit ihr in diesem Schweigemodus passiert. Sie scheint Einblicke auf ihre Endlosschleife an Fragen zu erhalten: »Wie wird man am besten erwachsen? Das Unterrichtsfach gab's in der Schule nicht. Ich bin eigentlich gerne Kind. Aber welche Dosis ist für mich gesund? Das Leben ist kein Ponyhof und erst recht kein Zuckerschlecken. Oder etwa doch? Welche Zutaten wähle ich am besten, um es mir in meiner Komfortzone gemütlich zu machen und meine eigenen Kekse zu backen? Darf ich die dann alle behalten und aufessen oder soll ich etwa ein paar davon abgeben?« Auf ihrer Reise begegnen Ruth allerlei Leckerlis, kleine und große Krümel, sie erlebt unglaubliche Menschen und Zufälle – und einen immer wiederkehrenden Traum. Ruth beginnt zu verstehen, was sie womöglich alles in sich trägt. Eine Entdeckungstour. Scheibchenweise und bunt gemischt…

Ruths Reise
geht weiter …